やわやわ 富山・金沢の旅

みやこ小路

虹有社

ホタルイカ
（→ P21 ／富山）

黒部峡谷鉄道
（→ P62 ／富山）

立山黒部アルペンルート
（→ P13 ／富山）

祝

北陸新幹線 開通！

ようこそ 富山・金沢へ

金沢駅もてなしドーム

兼六園
（金沢）

ひがし茶屋街
（→ P103 ／金沢）

写真提供：立山黒部貫光（株）、黒部峡谷鉄道（株）、滑川市、金沢市

もくじ

掲載しているデータは、2015年2月下旬現在のものです。発行後に、営業時間、定休日、料金などが変更になる場合があります。おでかけの際には、事前に確認・予約されることをおすすめします。なお、掲載された内容による損害等は、弊社では補償いたしかねますので、予めご了承ください。

はじめに

みなさんはじめまして、
みやこ小路です。

私は富山県富山市に生まれ、立山の青い山脈を毎日眺めながら「やわやわ」育ちました。**「やわやわ」とは富山弁で「ゆっくり、のんびり」**という意味です。ぼんやりカントリー娘が、生き馬の目を抜く東京に進学後、出身地を尋ねられて「富山」と応えるも、

「富山？　あー、鳥取のとなりだっけ？」　それは、島根！
「富山？　兼六園いったことあるよ」　それは金沢！
「富山？　えーと……」　おねがい、フリーズしないで！

返ってきた反応はこんなありさま。知名度の低さもさることながら、「富山ってこんな県」と説明できない己にも愕然とした、**酸っぱい青春時代**でした。

富山から東京に行くには、特急はくたかで越後湯沢まで行き、上越新幹線に乗り換えなくてはなりませんでした。この乗り換えが10分しかなく、みんな慌ただしく一目散にホームを駆

けていく。すべての利用者が富山弁丸出しで思っていたはず、「新幹線が富山まで、通っとったらいいがんに」。

そしてついに２０１５年春、富山にも新幹線が通るというではないですか！　富山から乗り換えずに東京に行けて時間も短縮なんて、やったー！

さて、喜びも束の間、首都圏における**富山と金沢の知名度**を考えれば、このままでは富山を素通りして金沢に観光客が流れてしまうのは火を見るより明らか。

金沢といえば兼六園、21世紀美術館、美しい和菓子。対する富山といえば、立山黒部アルペンルート、地酒、魚介がおいしいよね…って、あら、自然は多いけど、文化や芸術がないじゃないのさ！　城の規模、出身著名人をご覧になればおわかりでしょう、文化・芸術面での金沢の圧勝っぷりが。金沢出身の文化人なんて、鈴木大拙！　泉鏡花！　室生犀星！　対する富山出身は室井滋！　…ええもちろん大好きですよ、「やっぱり猫が好き」世代のはしくれですからね私も。レイ子

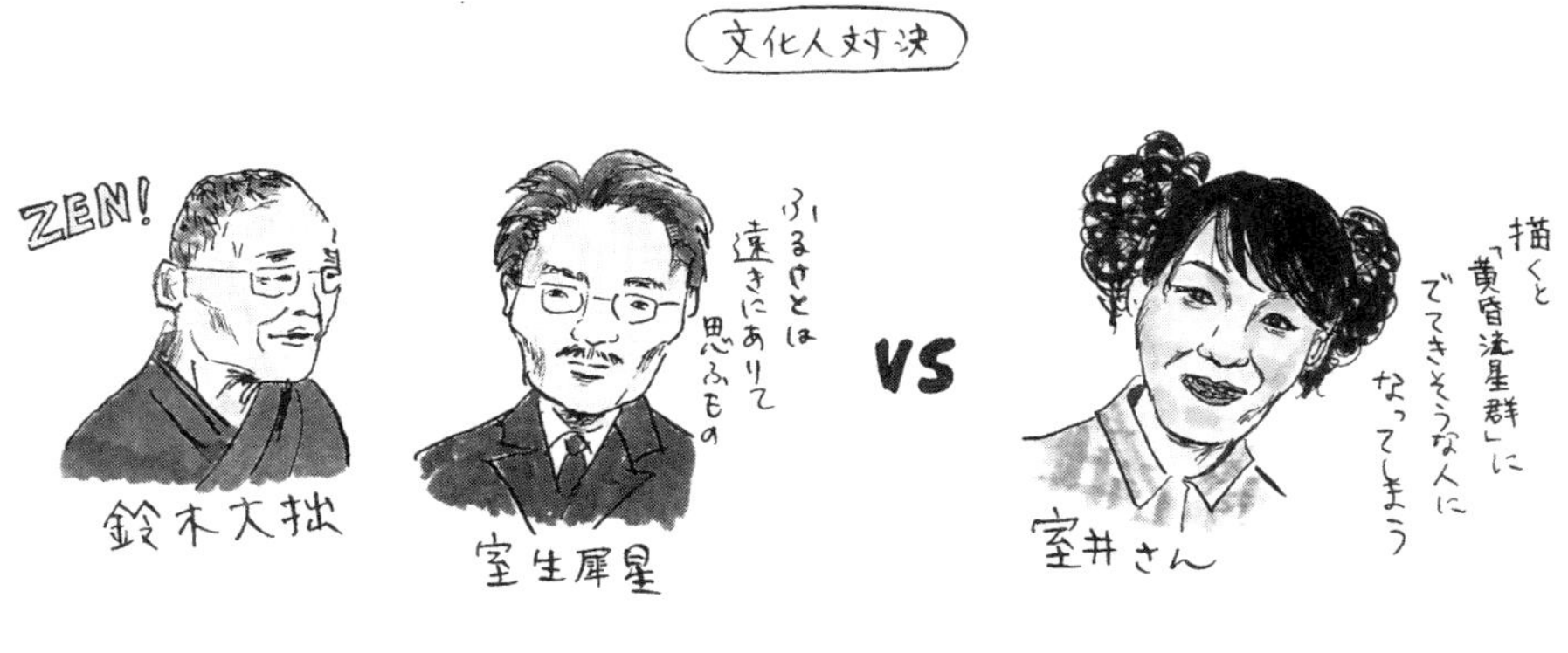

さんはいつだって恩田家の中心でしたよ。でも、大拙・鏡花・犀星の教養臭が強すぎる！

まあまあ、城だの文化だの、食えなきゃしょうがないよってんで夜の繁華街にくりだしてみれば、芸妓さんが暮れのお茶屋街をゆきかう艶やかな姿…など富山には皆無！

う、うらやましい～、

金沢の魅力がうらやましい～。

ギャフン！　このままじゃせっかく新幹線が通るのに、富山に観光客が来ないじゃないか。今から富山と金沢の良いとこをそれぞれ紹介するから、特に富山は口角泡を飛ばしながら説明するから、ぜひとも富山にぶらり途中下車してみてください！

富山
とやま

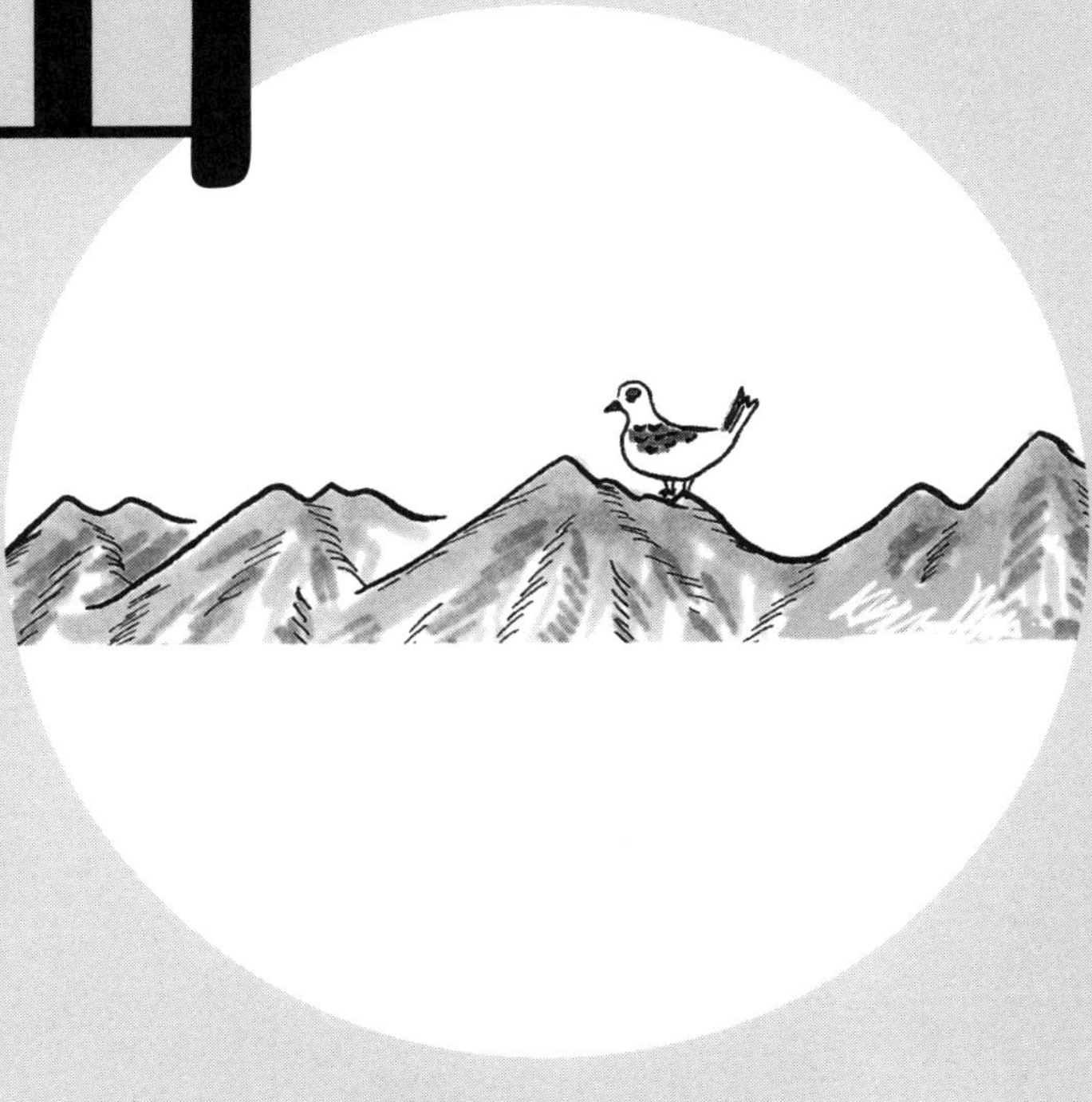

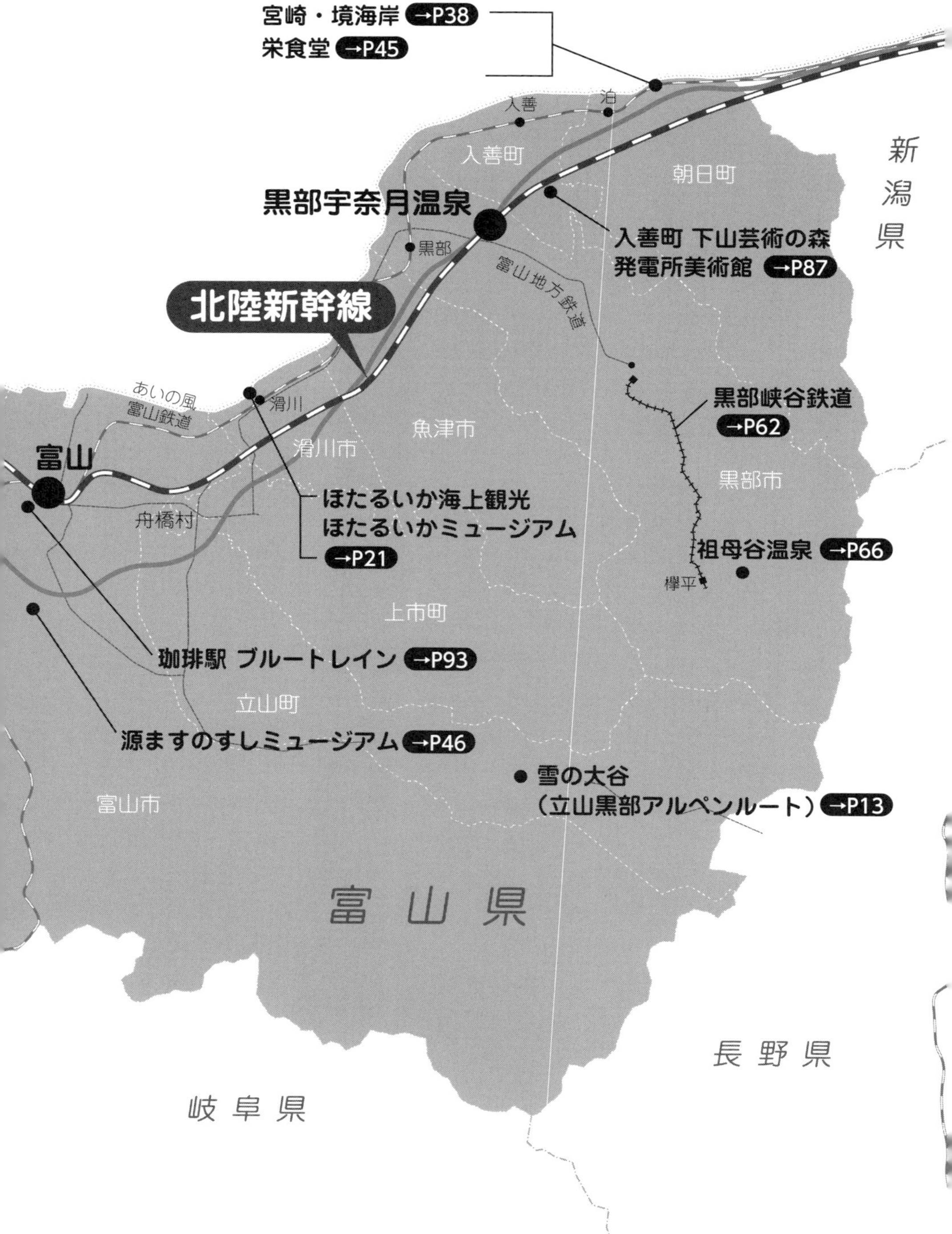
宮崎・境海岸 →P38
栄食堂 →P45
入善
泊
新潟県
入善町
朝日町
黒部宇奈月温泉
入善町 下山芸術の森
発電所美術館 →P87
黒部
富山地方鉄道
北陸新幹線
あいの風
富山鉄道
滑川
魚津市
黒部峡谷鉄道
→P62
富山
滑川市
黒部市
ほたるいか海上観光
ほたるいかミュージアム
→P21
舟橋村
祖母谷温泉 →P66
欅平
上市町
珈琲駅 ブルートレイン →P93
立山町
源ますのすしミュージアム →P46
雪の大谷
（立山黒部アルペンルート） →P13
富山市
富山県
長野県
岐阜県

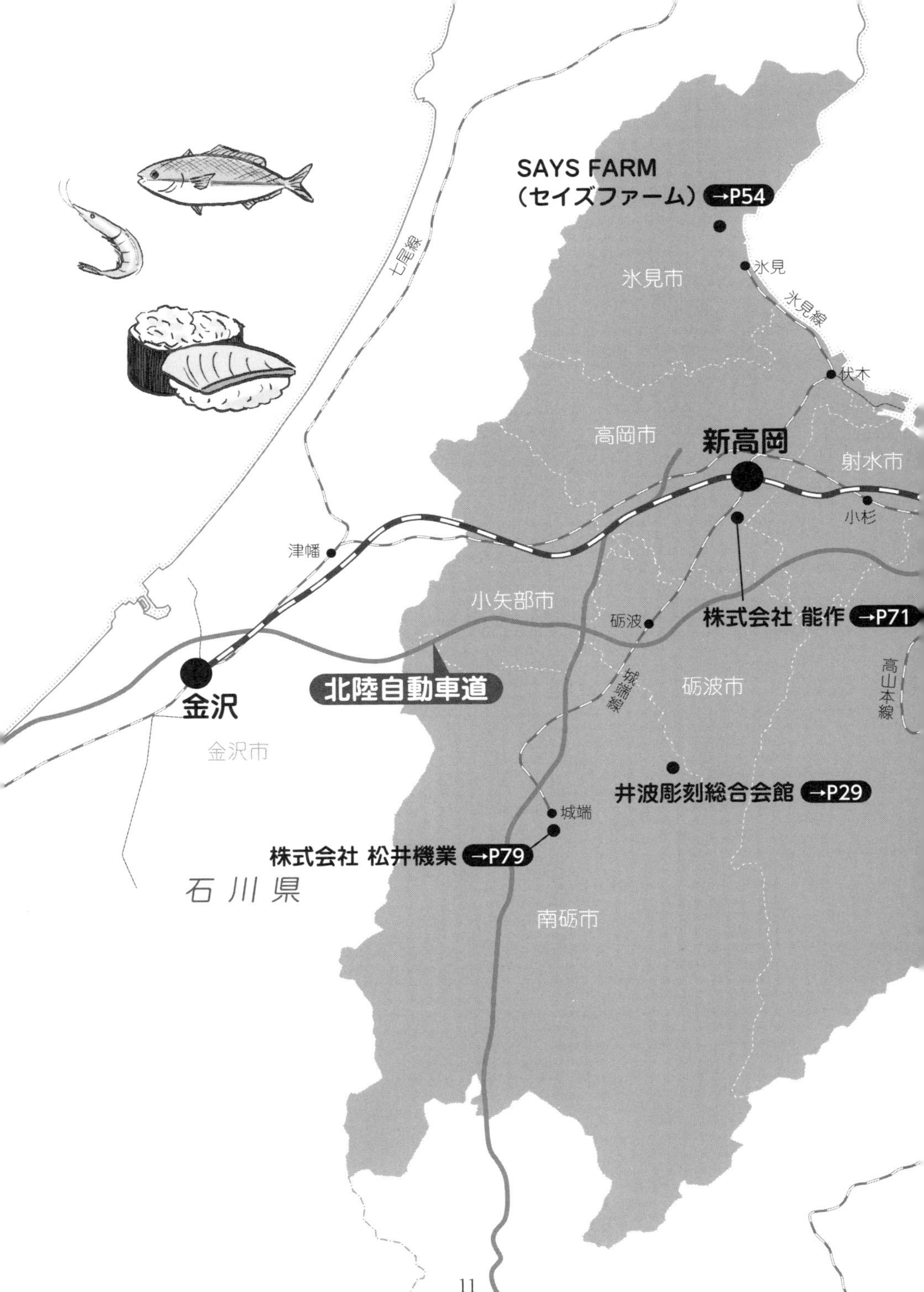
SAYS FARM
（セイズファーム）→P54
氷見
氷見市
氷見線
七尾線
伏木
高岡市
新高岡
射水市
小杉
津幡
小矢部市
砺波
株式会社 能作 →P71
高山本線
金沢
北陸自動車道
城端線
砺波市
金沢市
井波彫刻総合会館 →P29
城端
株式会社 松井機業 →P79
石川県
南砺市

そこのおにいさん、
富山にイイトコ
ありますよう

Vol.1

雪壁に願いを

―雪の大谷―

富山県のガイドブックを開けば、必ず載っているのが**「立山黒部アルペンルート」**。みくりが池に弥《み》陀《だ》ヶ《が》原《はら》高原、立山登山や室堂《むろどう》トレッキングもできて、雄大な自然の中、四季折々の変化が楽しめます。10月下旬から雪が降り始め、長い冬の間にたくさん積もります。

標高が2000mを超えているので、冬が終わって春が来てもなかなか雪がとけず、豪雪に満ち満ちていますが、そこを逆手にとって観光化したのが「雪の大谷《おおたに》」です。大量の雪をブルドーザーで除雪して道を作ることで、なんと**高さ15m以上の雪の壁**ができるのです！

富山県民は毎年、春が来た喜びのあまり雪の大谷に出向いてスキップするのか、というとそんなことはまったくありません。日本人が寿司を毎日は食べないのと同様に、富山県民はそうそうアルペンルートには行きません。なぜなら冬の間、雪をこれでもかというほど眺めてきたので、いまさら雪が壁になっている様子を見ようとは思わないのです。

かくいう私もこの取材以前は一度も行ったことがなく、毎年ニュースで見ては「はいはい、今年も雪の壁、すごいっすねー」とあしらっていました。が、富山を紹介するにあたり参考までにいろいろなガイドブックを眺めていると、

「他に見どころないんかい！」

とツッコミをいれたくなるくらい紹介されているので、一度は検証しに行かねばなるまい、と重い腰を上げた次第です。

雪が降らない国からの観光客が多く、富山―台湾便の就航も手伝って、２０１４年には**来場者が２００万人を突破**したという大人気っぷりです。たしかに雪に親しみがない人にとっては、さながら「さっぽろ雪まつりin 大自然」のような興奮を覚えるのかもしれません。

富山のあらゆるガイドブックに載っている白銀の世界へ行ってまいります！

【立山黒部アルペンルート】

● 問合先

立山黒部貫光株式会社 営業推進部

tel ：076-432-2819

http://www.alpen-route.com

※立山黒部アルペンルートの開通期間は4月16日～11月30日

※立山黒部アルペンルートへのアクセスは→P20をcheck!

雪壁に願いを
～雪の大谷～

電鉄富山駅から立山駅へ。
アルプスエキスプレスだとより楽しい♡
水戸岡鋭治氏デザイン
アルプス
立山駅からケーブルカーで美女平へ。
平均勾配24度!
地酒や地ビールも飲める!
美女平から立山高原バスで室堂へ、
バスからの眺めも素晴らしい～
ALPINE ROUTE

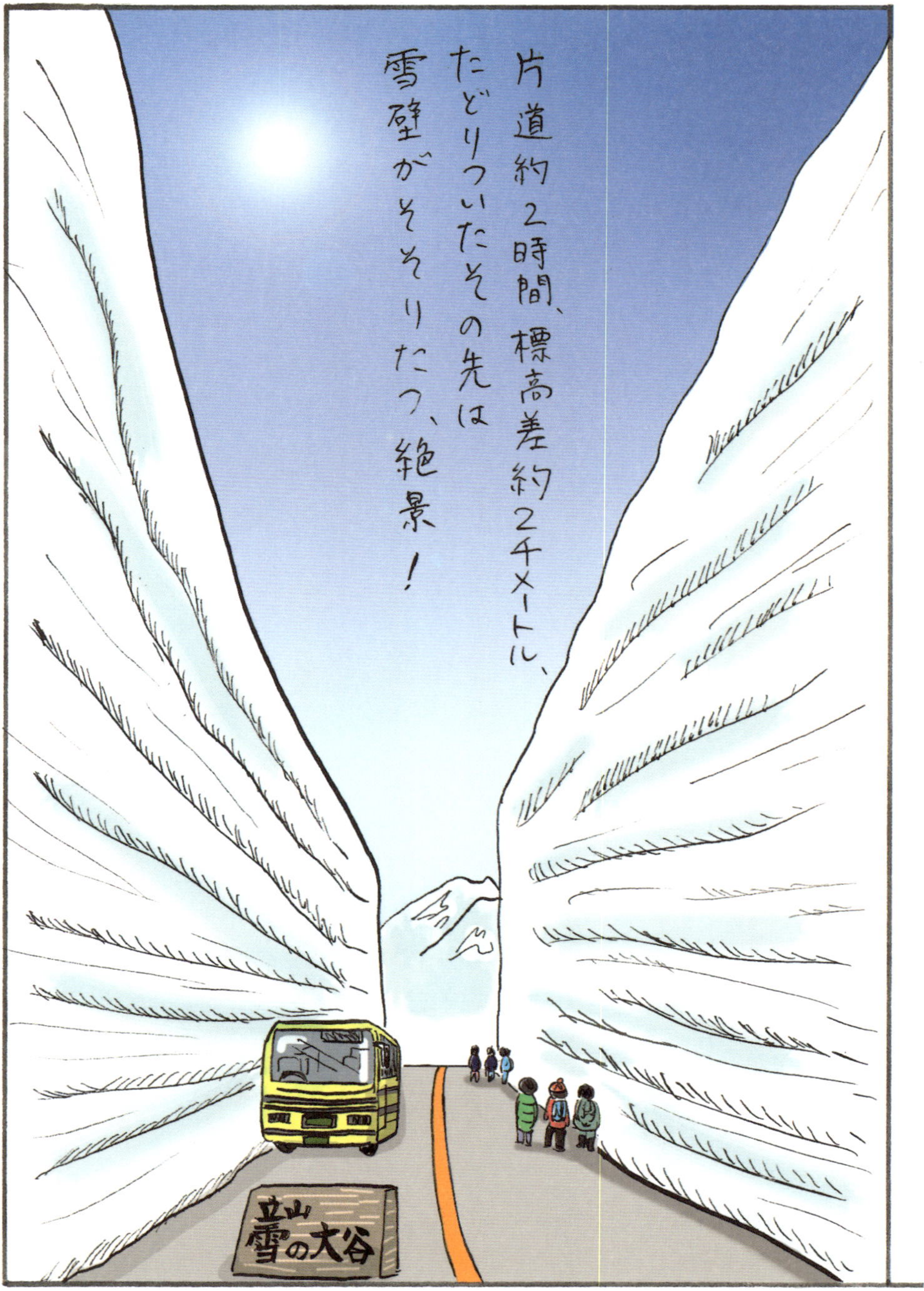
片道約2時間、標高差約2千メートル、
たどりついたその先は
雪壁がそそりたつ、絶景！
立山
雪の大谷

立山熊太郎という名のブルドーザーで
かたい雪を削るように除雪するわけで。
40日にもおよぶ
除雪作業

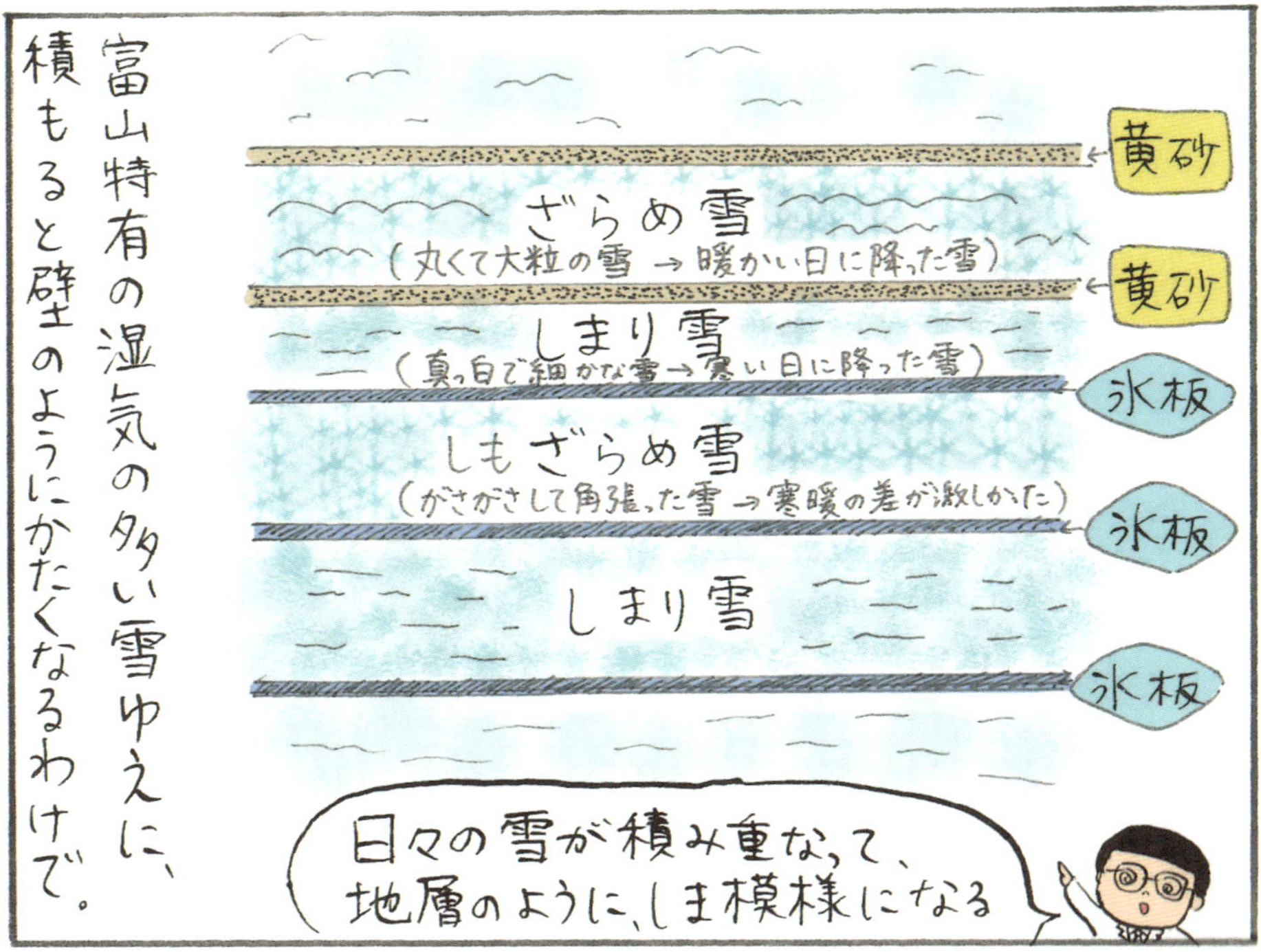
富山特有の湿気の多い雪ゆえに、
積もると壁のようにかたくなるわけで。
黄砂
ざらめ雪
（丸くて大粒の雪→暖かい日に降った雪）
黄砂
しまり雪
（真っ白で細かな雪→寒い日に降った雪）
氷板
しもざらめ雪
（がさがさして角張った雪→寒暖の差が激しかった）
氷板
しまり雪
氷板
日々の雪が積み重なって、
地層のように、しま模様になる

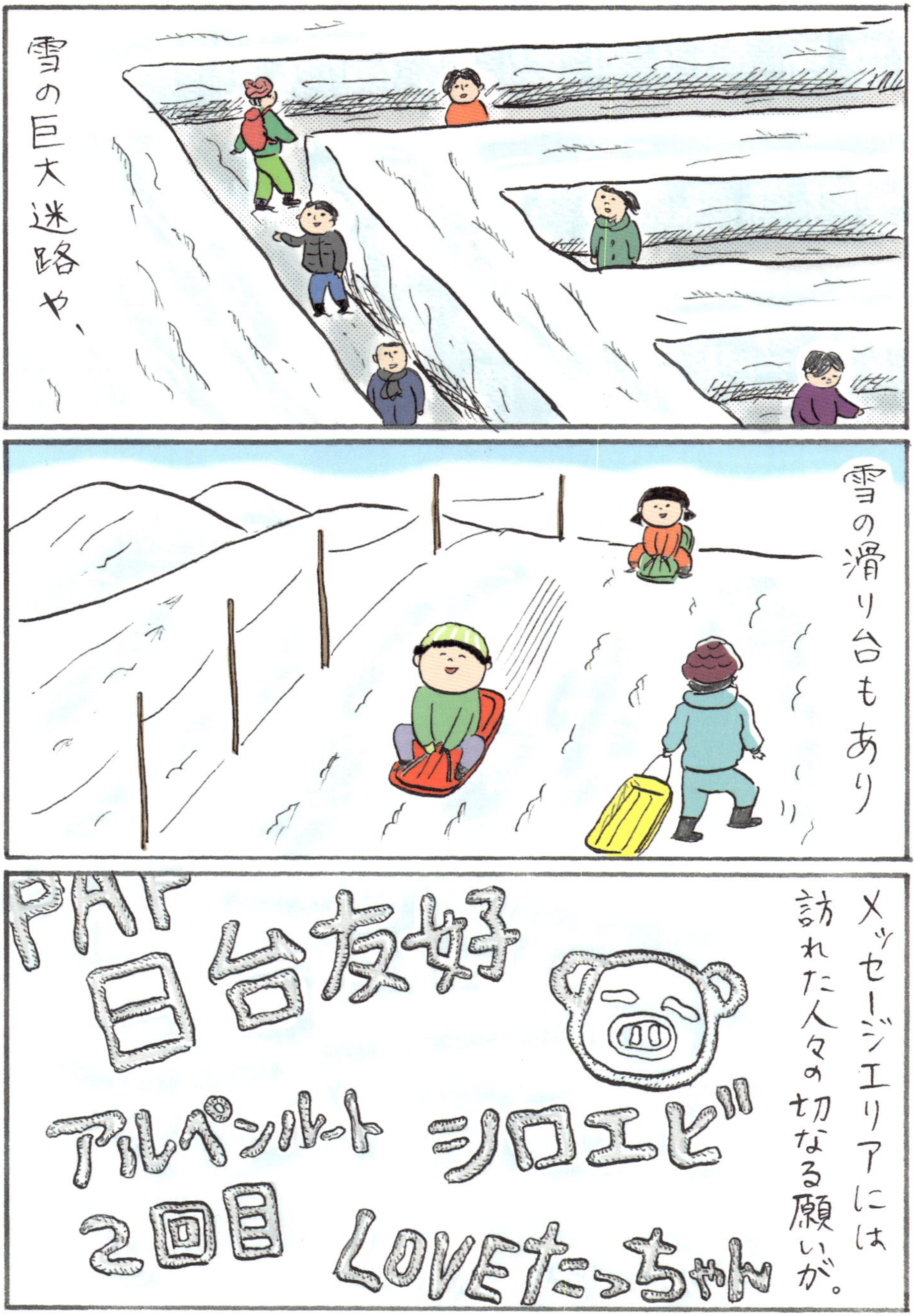
雪の巨大迷路や、
雪の滑り台もあり
メッセージエリアには
訪れた人々の切なる願いが。
PAP
日台友好
アルペンルート
シロエビ
2回目
LOVEたっちゃん

私も雪の壁に、今日の感動を刻むわけで。
まあ私くらいになると、マクロの視点で物事考えてるからね。
再婚できますように
みやこ小路
雪壁は絵馬じゃないぞ!
室堂ターミナルのレストランで、
子どもがまだ食ってる途中でしょうが
ビクッ
ずぞぞ
無事、「北の国から」ごっこをすませて下山しました。

よくばり情報

立山黒部アルペンルートはこうなっています！

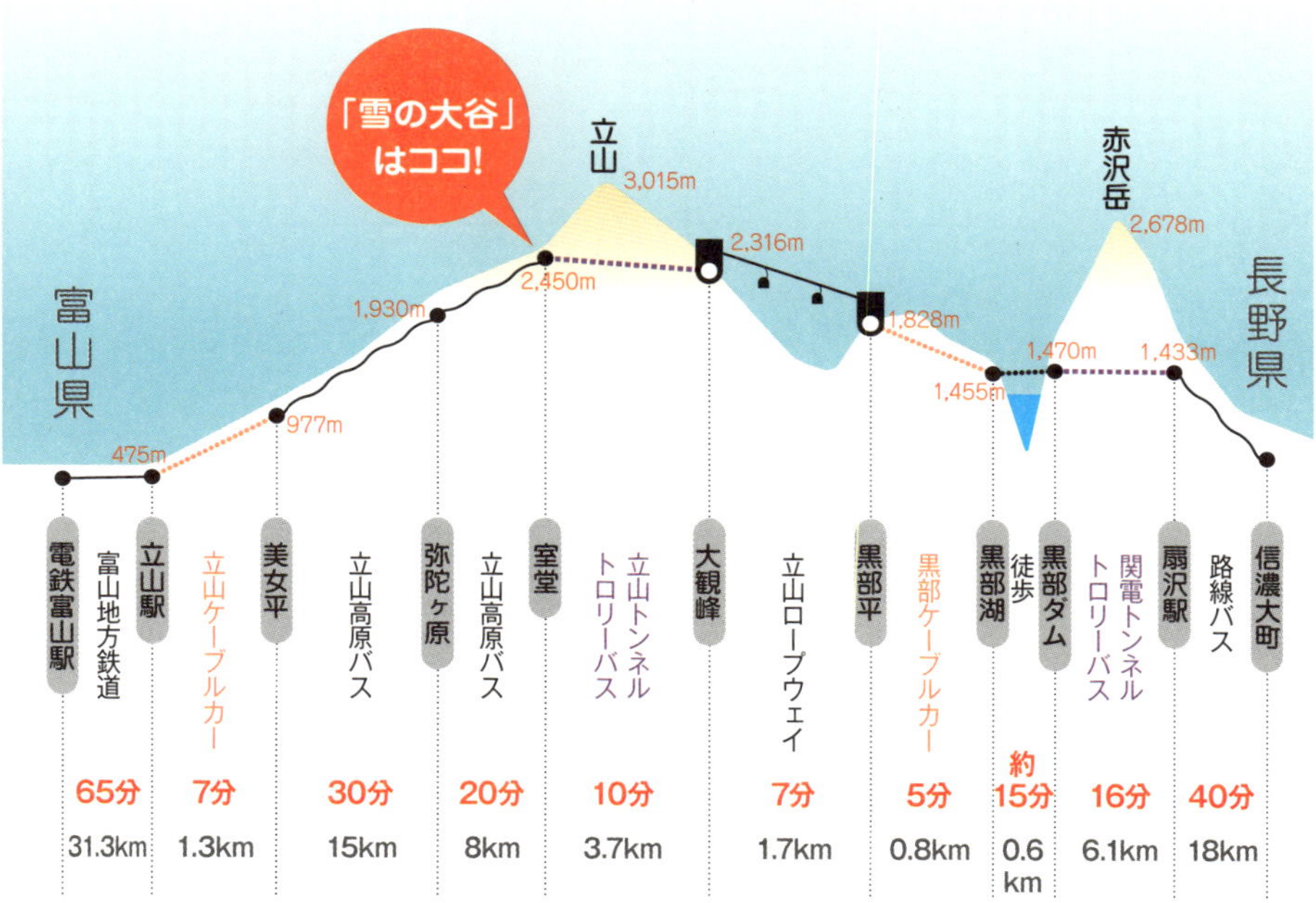

Vol.2

ホタルイカ、その愛

―滑川市 ホタルイカ―

富山に長く住んでいる人でも、冬がくると**「雪、嫌ちゃ」**と毎年ボヤきます。（語尾に「ちゃ」「が」がつくのが富山弁です。「です、ます」みたいなもんです）

家の前の雪かきや屋根の雪下ろしといった、雪との格闘があるからです。しかも富山の雪は、さらさらのパウダースノーではなく、湿度高めのベチャベチャの雪。ほとんど晴れ間のない曇天の下、ベチャベチャな雪とひと冬を過ごすのです。想像しただけで憂鬱です。こたつに入っておいしい日本酒と寒ブリでも食べてないとやってられません。

しかし、寒くて長かった冬が終わり**春がくると、あいつらがやってきます**。普段は深海にいますが、産卵のために海岸付近に一気に大群が集まってくるのです。

そうです、あいつらとは**ホタルイカ**です！

名実ともに光り輝いている春の立役者、ホタルイカが富山湾沿岸にやってくる！　どこかのヒーローショーの謳い文句のようですが、ニュースでホタルイカの水揚げが始まったと聞くと、「おっ、今年も来たね」と注目してしまいます。

春の富山湾では、そんな春のヒーローたちの発光している様子が見られます。それは、**ホタルイカ群遊海面**といって、**国の特別天然記念物**に指定されています。ホタルイカが集まるエリアが天然記念物であって、ホタルイカそのものは天然記念物ではないので、夜中の海岸で、網を持って行けばすくえます。そのくらい**気取らないスターと戯れる**ことができる富山の春です。

ホタルイカが富山でとれるのは、富山湾の地形と気候に大きく関係があるのですが、いまだ謎が多い神秘のイカです。そこらへんのことは、富山県滑川市にある「ほたるいかミュージアム」で詳しく展示してありますので、見ると**ホタルイカ愛が高まる**こと請け合いです。

それでは真夜中のほたるいかミュージアムで集合して、ホタルイカ漁を見に行ってまいります！

【ほたるいか海上観光】

● 問合先

滑川市観光協会

tel　　　：076-476-9200
　　　　　：076-475-0100（海上観光専用ダイヤル）
　　　　　※海上観光には事前予約が必要
観光期間：毎年4月初旬〜5月初旬
料金　　：大人5000円 小中学生3000円
　　　　　（幼児は乗船不可）
出航時間：午前3時
　　　　　天候により中止の場合あり。
http://namerikawa-kankou.jp/

ほたるいかミュージアム

tel　　　：076-476-9300
http://www.hotaruikamuseum.com

ホタルイカ、その愛
～滑川市《なめりかわし》
ホタルイカ～

毎年4月、富山県民はホタルイカで大いに浮かれます。
ホタルイカ祭り
↑金魚すくい同様のポイ
金魚すくい同様の袋→
「ホタルイカ祭り」では「ホタルイカすくい」に、

「ホタルイカ大喰いコンテスト」、
ガツガツ
うわ〜、そんなに食べたくはないわ〜

「ホタルイカ目玉飛ばし」という、ご神体であるはずのホタルイカをぞんざいに扱いまくるコンテストが盛りだくさんです。
ホタルイカ祭り
2014
プッ
12m74cm!
STAFF
STAFF
目玉は直径3mm
重さ0.05gと小さい!

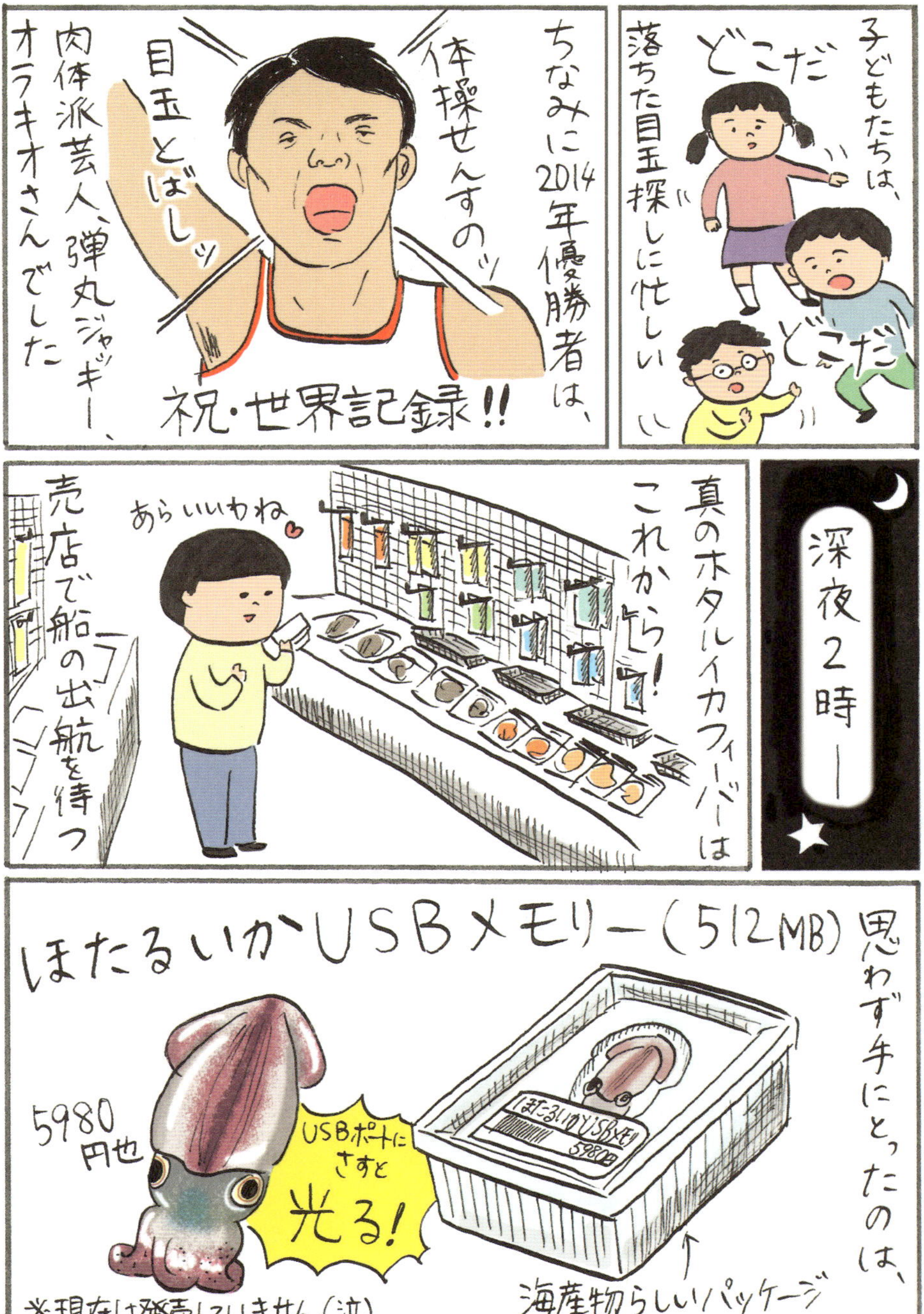

子どもたちは、落ちた目玉探しに忙しい
どこだ
どこだ
ちなみに2014年優勝者は、
体操せんすのッ
目玉とばしッ
肉体派芸人、弾丸ジャッキー、オラキオさんでした
祝・世界記録!!
深夜2時ーー
真のホタルイカフィーバーはこれから!
売店で船の出航を待つ
あらいいわね
思わず手にとったのは、
ほたるいかUSBメモリー(512MB)
5980円也
USBポートにさすと
光る!
海産物らしいパッケージ
※現在は発売していません(泣)

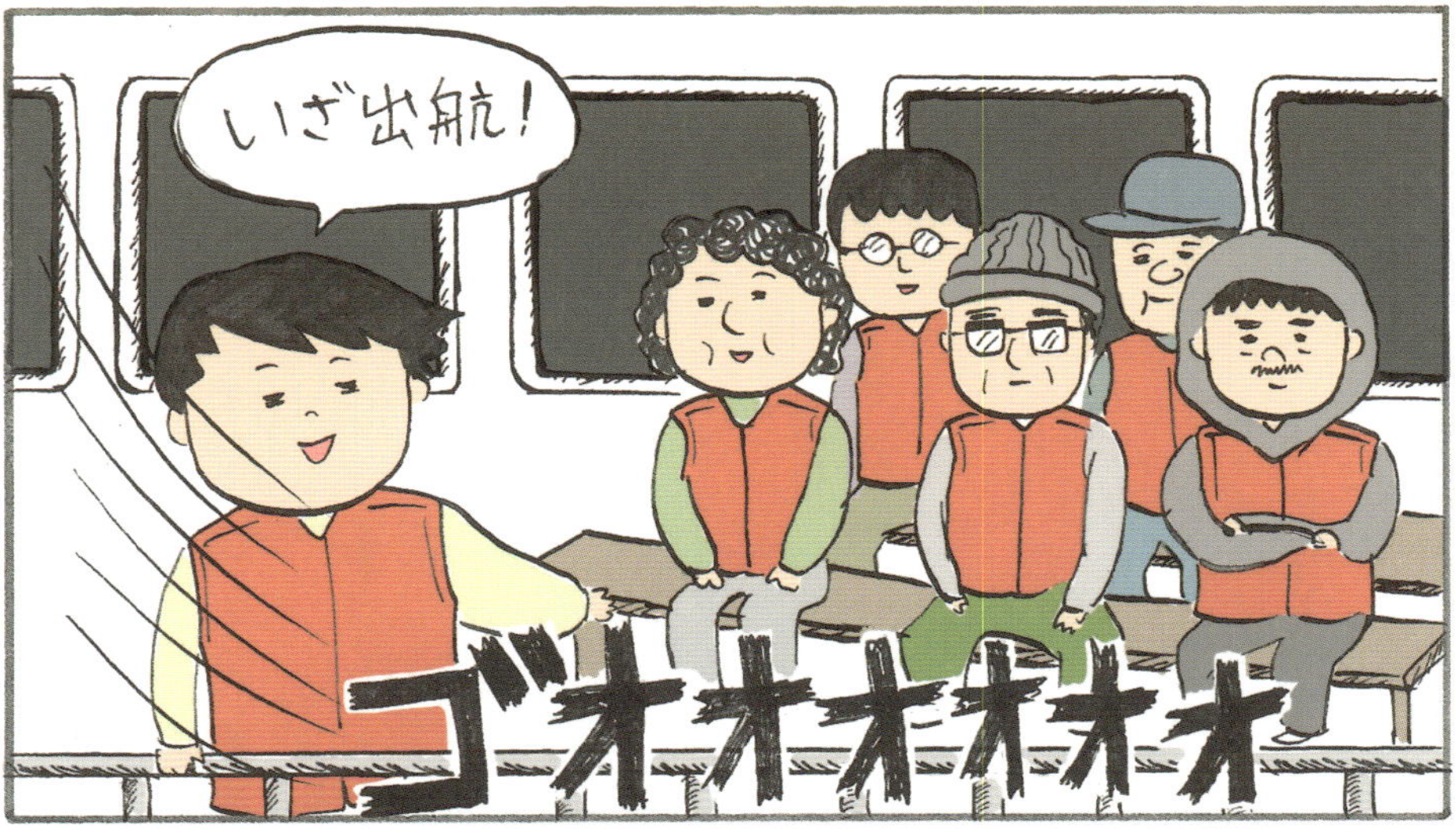
いざ出航!
ゴオオオオオオ

漆黒の富山湾に浮かぶ
多数の青白い光.
ホタルイカ様の光臨だ!!

神秘!光るイカ!
ホタルイカはやはり、ボイルして酢みそ!
沖漬けもうまい!
ホタルイカ沖漬
菜の花をそえてもgood!
ここらでひとつ「ホタルイカ音頭」を披露いたしましょう。
ベベン
ハァ〜
ホタ〜ルイカ〜
せかあいいち〜〜
あコリャセイ
ホタルイカキャラを勝手に作ってみたので、
富山県のえらい人、買いとってください。
イッカー
ホタルイカの妖精

よくばり情報

ホタルイカ素干し

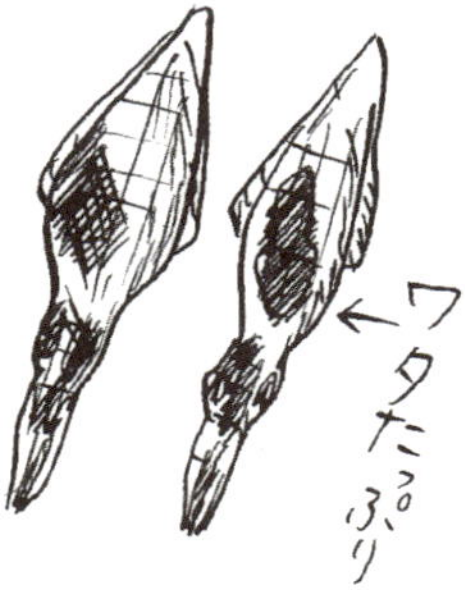

ホタルイカを乾燥させたもの。スルメと違い、イカのワタごと干してあるため、濃厚な旨味が手軽なサイズで楽しめる。そのままでもよいが、ライターで炙ると香ばしさが倍増。最強のツマミです。

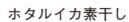

Vol.3

伝説のギターを探して

―井波彫刻―

富山県は何もないと思われがちですが、意外なことに伝統工芸が結構あります。そのうちのひとつの**井波彫刻**は、荒彫りから仕上げ彫りまで約200本のノミや彫刻刀を用いて製作される、古くから伝わる木彫りです。多くの神社やお寺、山車などにその彫刻技術が使われています。住宅の欄間や衝立なども作られ、長い歴史に培われた精妙な技術が生活の身近なところにも展開されています。

という表面的なことは聞きかじっていましたが、富山を紹介するネタを探しているときはまだ「確かにすごい技術だが、古めかしくてなんだか陰気くさいし」「欄間なんか家になかったし」「鮭くわえてる**木彫りの熊って最近見ないし**」という**不届きな態度**でいました。

井波彫刻協同組合のサイトを眺めると、仏像、干支の置物、天神様といった定番のカテゴリーが続々と出てきて、正直なところ興味がなかったのですが、次の瞬間思わず画面をスクロールする手が止まりました。**「ギター」というカテゴリーがあるではないですか！**

『井波彫刻新ギター「獅子ギター」販売価格44万円（税込）　受注生産します！』

ギター、そして、獅子？？？？
しかも**「しし」だから44万円**っていうチャーミングな価格設定？？？
え、なに、伝統工芸ってギター作っちゃっていいの？　なんか**新しい風が吹き起こってる予感？**

伝統工芸といえば、古来より伝わる技法・技術をまったく同じように再現した美術品、そしてそれを職人たちが粛々と後世に伝えていくもの、と硬派なイメージにとらわれていた私は、目が釘付けになりました。どうやら**富山の伝統工芸界に何か異変**が生じているようです。

井波彫刻総合会館

住所　：富山県南砺市北川733
tel　：0763-82-5158
営業時間：9:00～17:00（入館は～16:30）
定休日　：第2・4水曜（祝日の場合は翌日）
料金　：大人500円、小中学生250円
交通　：JR北陸本線高岡駅から井波・庄川行バス55分、閑乗寺口下車5分／北陸自動車道砺波ICから車で15分
http://inamichoukoku.com/kaikan/

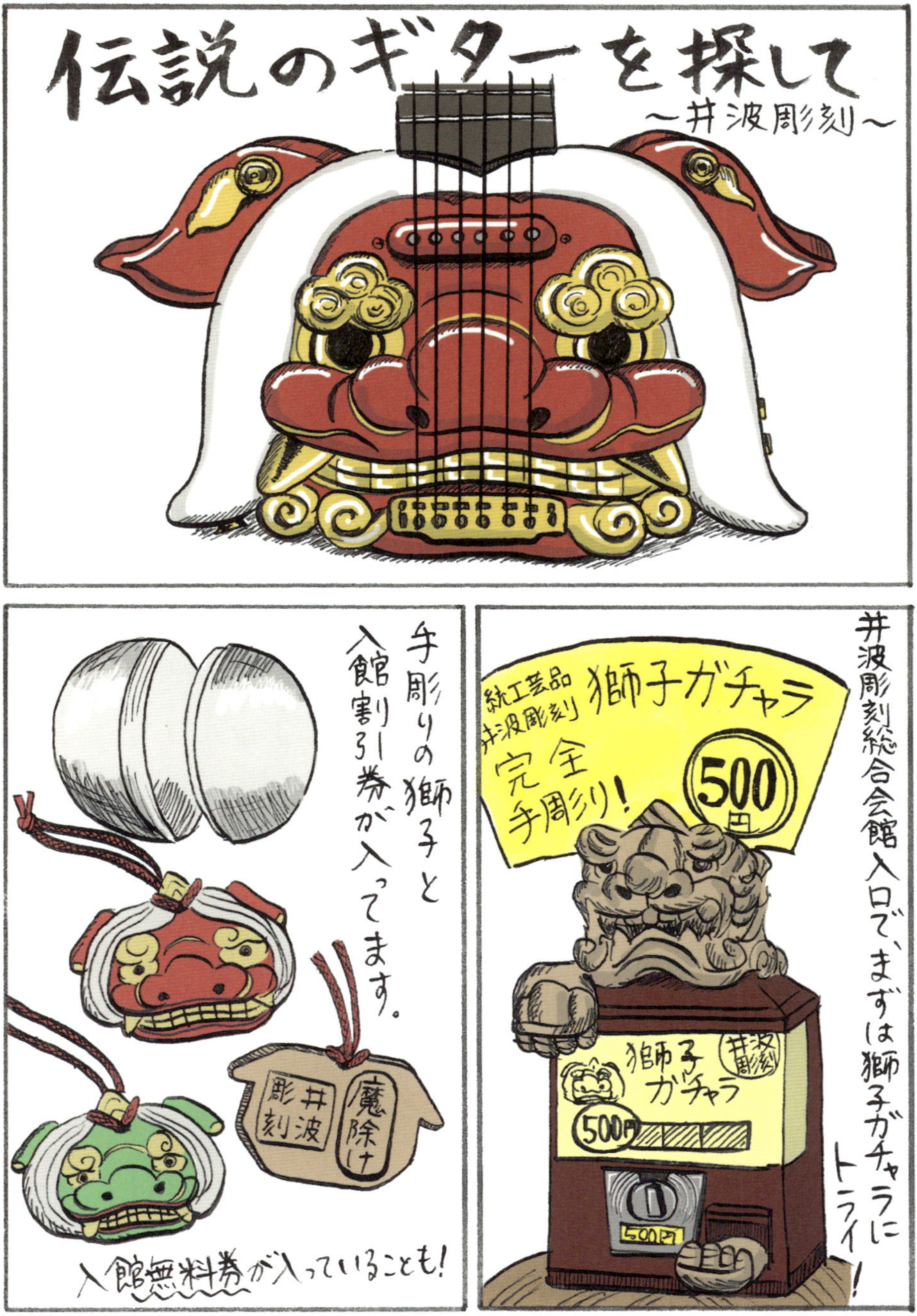
伝説のギターを探して
～井波彫刻～
井波彫刻総合会館入口で、まずは獅子ガチャラにトライ!
統工芸品
井波彫刻
獅子ガチャラ
完全手彫り!
500円
獅子ガチャラ
井波彫刻
500円
手彫りの獅子と入館割引券が入ってます。
魔除け
井波彫刻
入館無料券が入っていることも!

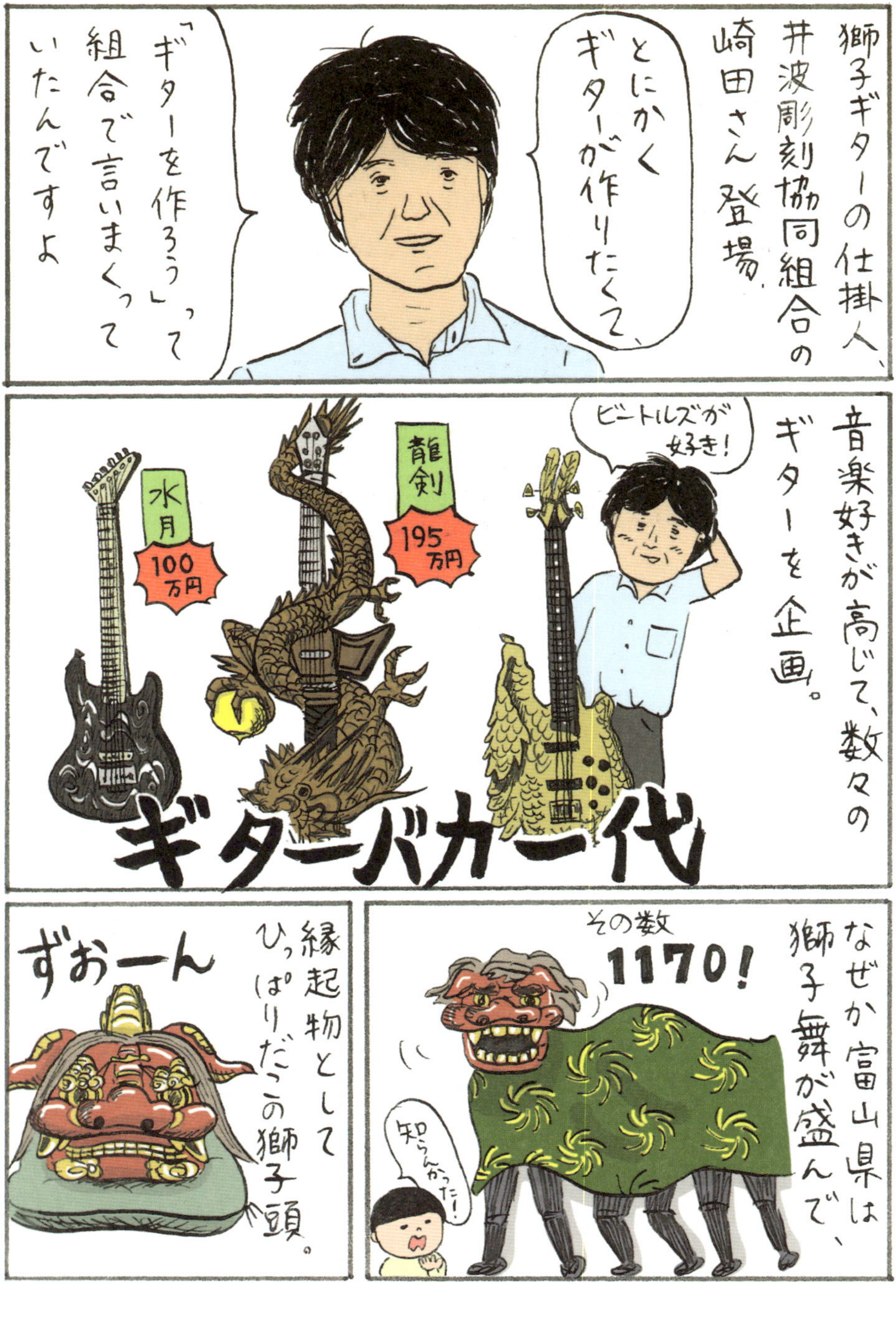
獅子ギターの仕掛人、井波彫刻協同組合の崎田さん登場、
とにかくギターが作りたくて、
「ギターを作ろう」って組合で言いまくっていたんですよ
音楽好きが高じて、数々のギターを企画。
ビートルズが好き！
龍剣
195万円
水月
100万円
ギターバカ一代
なぜか富山県は獅子舞が盛んで、
その数
1170！
知らんかった！
縁起物としてひっぱりだこの獅子頭。
ずおーん

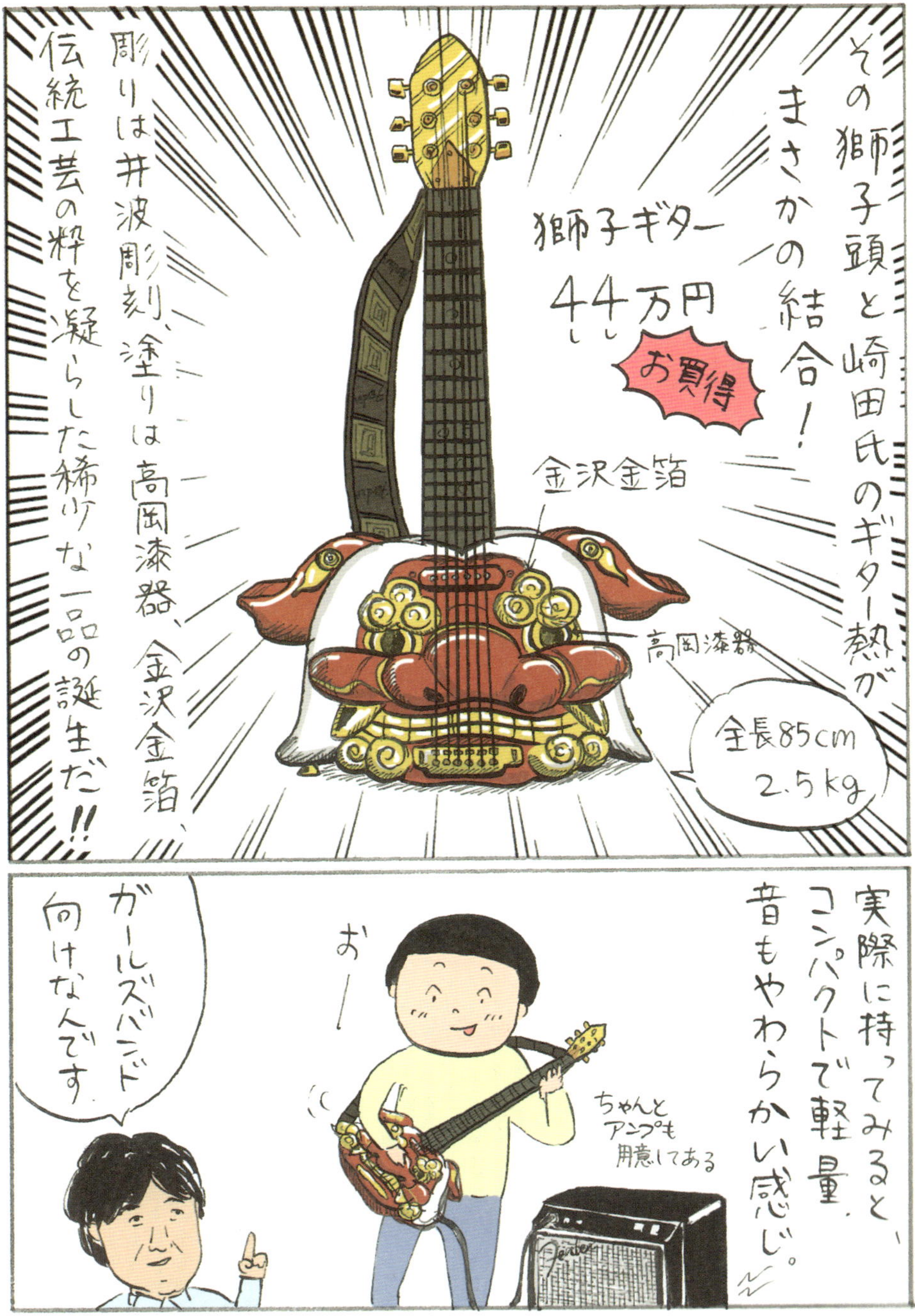

その獅子頭と崎田氏のギター熱がまさかの結合！
獅子ギター
4《し》4《し》万円
お買得
金沢金箔
高岡漆器
全長85cm
2.5kg
彫りは井波彫刻、塗りは高岡漆器、金沢金箔、伝統工芸の粋を凝らした稀少な一品の誕生だ!!
実際に持ってみるとコンパクトで軽量、音もやわらかい感じ。
おー
ちゃんとアンプも用意してある
Fender
ガールズバンド向けなんです。

獅子の顔とギターのパーツとの兼ね合いには、かなりこだわりましたね
彫刻師の大野さん
よく見ると、カワイイ
ボリュームダイヤル
トーンダイヤル
ブリッジ
ピックアップ

試行錯誤をくり返し、彫るのに
3ケ月もの月日が費やされた。

平成24年の「獅子カーニバル」で、ついにお披露目！
あたりが騒然となる。
獅子カーニバルってなんぞやや
ギターのみならず、
木彫りのアニメキャラも展示中
南砺市制作の「恋旅」のキャラ
迷走気味なところも、
熱いぜ、井波彫刻!!
井波彫刻のイメージを変えたくてね。伝統工芸の世界をひっぱっていきたいね。
獅子ギターが似合うガールがここにいますんで、
フッ
ギャイーン
誰か買ってください♡

よくばり
情報

まだまだあります！
井波彫刻のギター

井波彫刻では、獅子ギター以外にも、個性派のギターがあります。
受注制作のため、納期は約6カ月程度。

ベースギター「Bird」

岩倉稜泉 作
1,500,000円

ギター「水月」

田中孝明 作
1,000,000円

龍剣～ Dragon Sword ～

高田斉 作
1,950,000円

声に出して
読みたい
富山弁①

「なーん」

意味：いいえ
NO

例：「あんた、宿題やったがけ？」

（あなた、宿題はやったの？）

「なーん、だやいから、やってないが」

（いいえ、だるいので、やっていません）

Vol.4

ヒスイ海岸でつかまえて

—宮崎・境海岸—

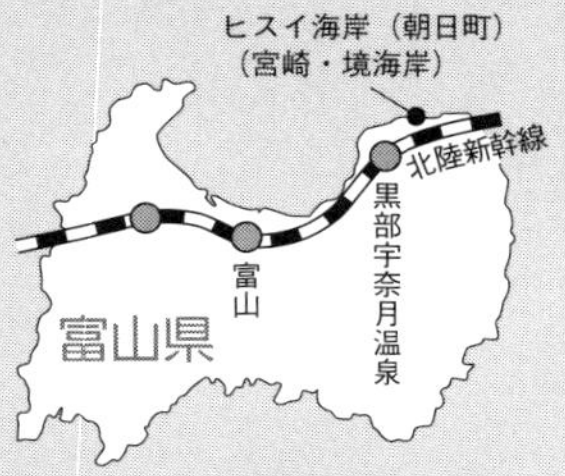

夏だ！　キャンプだ！　ヒスイ拾いだー！

夏休みも終盤。この期におよんで子どもにどっか連れてけと言われているそこのお父さん、富山にいいとこありますよ！

富山県は朝日町にありますヒスイ海岸。そばにはオートキャンプ場があり、春から夏にかけてキャンプや釣り、海水浴が楽しめ、**果てはヒスイの原石まで拾えるかも**という、夏休みをこれでもかと存分に味わい尽くせる海岸です。

海岸でヒスイを拾うことができると聞きつけて、**アラフォー女がひとり、**満を持してやってまいりました。ゴールドラッシュならぬ**ヒスイラッシュ**をこの目に焼き付けるべく、家族連れにまぎれていざ、出陣！

ヒスイって、あれでしょ？ 緑っぽい石でしょ？ これを磨いて開運アクセサリーと銘打って売ったら、ぐふふ…。

はい、**よこしまな動機だけが原動力**です！

近くでピュアな眼差しでヒスイを探している子どもは、そんなよこしま女に「こんなに拾ったよ！」と無邪気に話しかけてくる。目の前には日本海とは思えない鮮やかな群青の海、カラフルなテントの数々。

あー、夏休み！ 家でTUBEの動画見ながらガリガリ君（ソーダ味）かじってるより、よっぽど夏休みだよ。家族連れに混じってヒスイ拾いに来た甲斐があったよ。

と、思っていたのに…。

拾ったヒスイの原石を、管理人のおじさんに自慢したところ、富山弁丸出しで、直球のひと言が…。

果たして、アラフォー女の**「開運グッズで丸儲け計画」**はいかに!? 一獲千金の夢は!?

ヒスイ海岸（宮崎・境海岸）

住所　：富山県下新川郡朝日町宮崎及び境
料金　：無料
交通　：あいの風とやま鉄道越中宮崎駅から徒歩1分／北陸自動車道朝日ICから車で10分

● 問合先

朝日町観光協会

tel　：0765-83-2280
http://asahi.niikawa.co.jp/umi.php

ヒスイ海岸でつかまえて
ー宮崎・境海岸ー
ぬ、ヒスイがとれる海岸?原石がごろごろ落ちてるって??
かーちゃん ハラへった〜
富山 ガイド
開運グッズで一獲千金!
ムシャムシャ
ニヤニヤ

ザザ
あれも！
それも！
うわあ、見てえ、
ザザザーッ
I♥朝日町
ヒスイの
大運動会や〜！

管理棟ー
♪〜
見てくださいよ〜
ヒスイこんなに
とれましたよ〜
ジー・・・
なーん
（いいや）
きゃーまっで
ヒスイじゃないちゃ
（これは全然
ヒスイじゃないよ）

パードゥン？
I
朝日
ヒスイの原石は
緑色と思いがちですが、
うっすらと緑色がまじっている
普通の石より重い
なんと実際は
白もしくは無色！

うそでもいいからヒスイだと言って…
コレは？コレは？
なーん
ヒスイ、1個もとれず…
ガーン
まあとれなかったものはしょうがないので
キャンプ場近くのたから温泉で汗を流し、
源泉かけながし
栄食堂でたら汁を食べて帰ったのでした
しみじみうまい…
おまたせ〜
おしまい

よくばり
情報

ヒスイの見つけ方

- 色は薄く緑がかっている。
- 普通の石より若干比重が重く、手応えがある。
- 水の中でぼんやり白い光を発している石を探すとよい◎
- 乾いていると黒っぽく見えるが、海水で濡らして太陽にかざすと、光が透けて見える。

（ヒスイ海岸オートキャンプ場より）

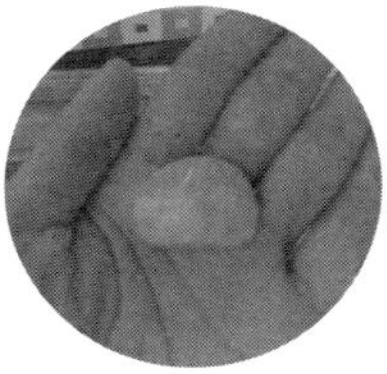
ヒスイ

ヒスイの原石

栄食堂のたら汁 ８００円（税別）

たっぷりの鱈と、うまい出汁。一人前を頼むとどーんと鍋で出てくる気前の良さ。

栄食堂

住所　：富山県下新川郡朝日町境647-1
tel　：0765-83-3355
営業時間：7:00〜21:00
定休日　：第4月曜

Vol.5

富山のソウルフードを求めて

—鱒寿司—

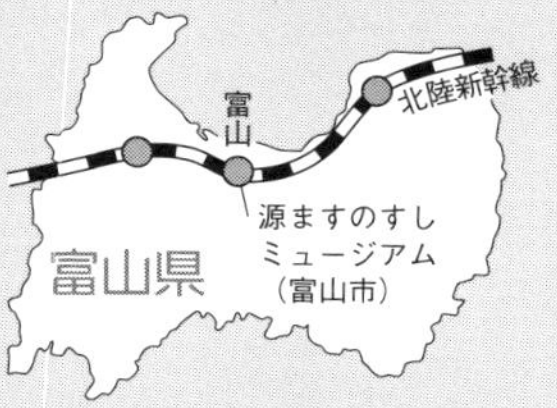

海の幸に恵まれている富山では、**魚介由来の珍味が多い**。酒のアテとしてそれらを楽しんでいる父が、横目で見ている私に「食べてみられま」（富山弁で「食べてみなさい」の意）と味見させるのだが、魚介系珍味というのは大抵生々しく匂いが独特なので、子どもだった私は一口もらうものの、「か、なんちゅう味け！」（「これは、なんて味だ！」の意）とウエッと口をゆがめ、ジュースで流し込むのがオチだった。

そんななかでも鱒寿司は、子どもの頃の私にとっては「他の珍味に比べれば食べられなくはないが、とりたてて喜んで食べるほどでもないもの」という**なんともありがたみのない位置づけ**で、いただき物の鱒寿司を特に感動もなく食べていた覚えがある。

鱒寿司とは、酢で味付けされたサクラマスとご飯を笹で包んだ押し寿司の一種で、**富山の駅弁**といえばこれなのだ。郷土料理ではあるが各家庭で作るような気軽なものではなく、かつては**将軍家に献上**されていたものだけあって、富山県民も人からお土産としていただいた物をときたま食すという、**郷土料理のわりには高嶺の花な存在なのだ。**

鱒寿司にはたいして思い出がないなあ、鮭おにぎりで充分だよ、と薄情なことを思いつつ大人になってから食べてみると、酢と塩がほんのり効いた柔らかい半生の鱒、そしてシャッキリと炊かれた富山県産コシヒカリが笹の清々しい香りに包まれて、奥行きのある酸味と塩気、そして甘みが口中に広がる。

なんと！　**実にうまい**ではないか！

なぜだ、なぜこんなうまいものを邪険にしていたのだ、子どもの頃の私よ。

鱒にあやまれ！

鱒寿司とのこれまでのディスコミュニケーションを挽回するべく、私はあわてて鱒寿司製造メーカーへと走った。

源ますのすしミュージアム

住所　：富山県富山市南央町37- 6
Tel　：076-429-7400
営業時間：9:00～17:00
定休日　：無休
料金　：見学無料
交通　：JR富山駅から富山地方鉄道バス笹津行きで30分、安養寺下車徒歩10分／北陸自動車道 富山インターから車で約10分

● ますのすし手作り体験は、体験希望日の一週間前までに予約を。
有料、所要約60分、20名まで。
http://www.minamoto.co.jp/museum

富山の
ソウルフードを
求めて
ますのすし
ミュージアム
「ますのすし手作り体験」の前に工場見学。
職人さんの詰める作業のあまりの速さに
しばし見とれる。
ササササ
サササササ
はやいっ

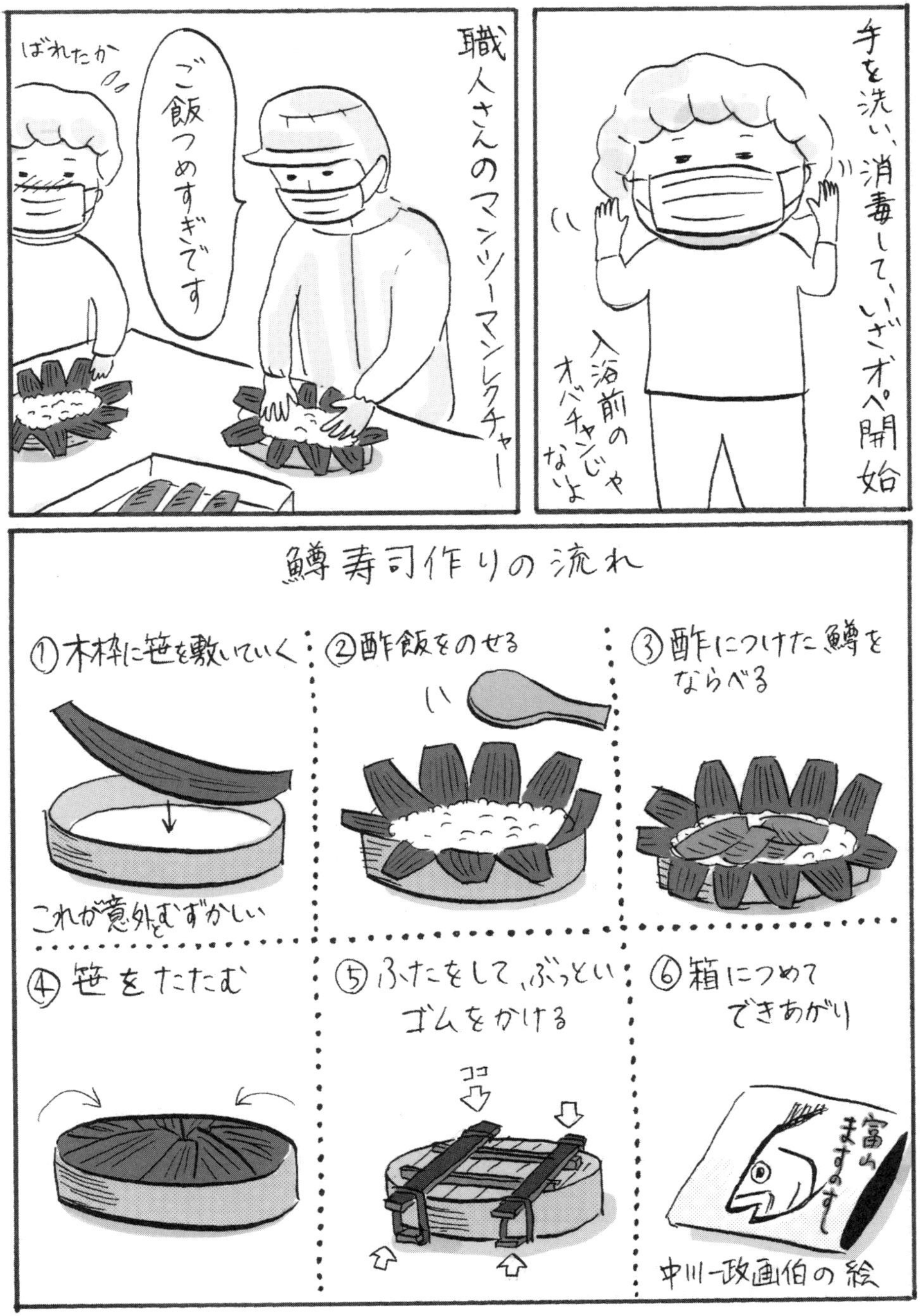
手を洗い、消毒して、いざオペ開始
入浴前のオバチャンじゃないよ
職人さんのマンツーマンレクチャー
ご飯つめすぎです
ばれたか
鱒寿司作りの流れ
①木枠に笹を敷いていく
これが意外とむずかしい
②酢飯をのせる
③酢につけた鱒をならべる
④笹をたたむ
⑤ふたをして、ぶっといゴムをかける
ココ
⑥箱につめてできあがり
富山ますのすし
中川一政画伯の絵

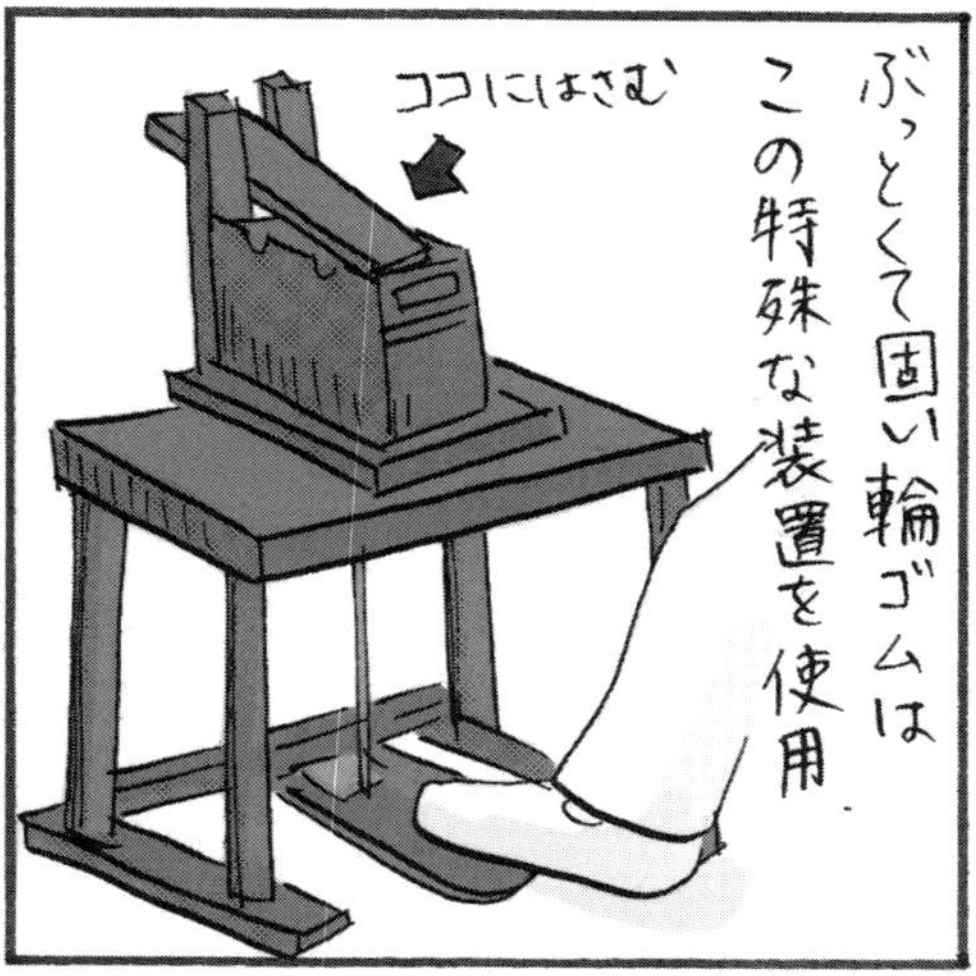
ぶっとくて固い輪ゴムは
この特殊な装置を使用
ココにはさむ

お〜
足でペダルをふんで輪ゴムを
かける作業は、ちょっと楽しい。
ブらん

江戸時代は、神通川でとれた鮎で
「鮎寿司」が作られていました
鮎すし
神通川船橋の図
そのおいしさは徳川吉宗公も
絶賛し、富山藩から幕府への
献上物となりました。

ますのすし
その後、鮎から鱒に
代わり、駅弁として
売られることで、
富山といえば「鱒寿司」
というイメージが広がり
定着したようです

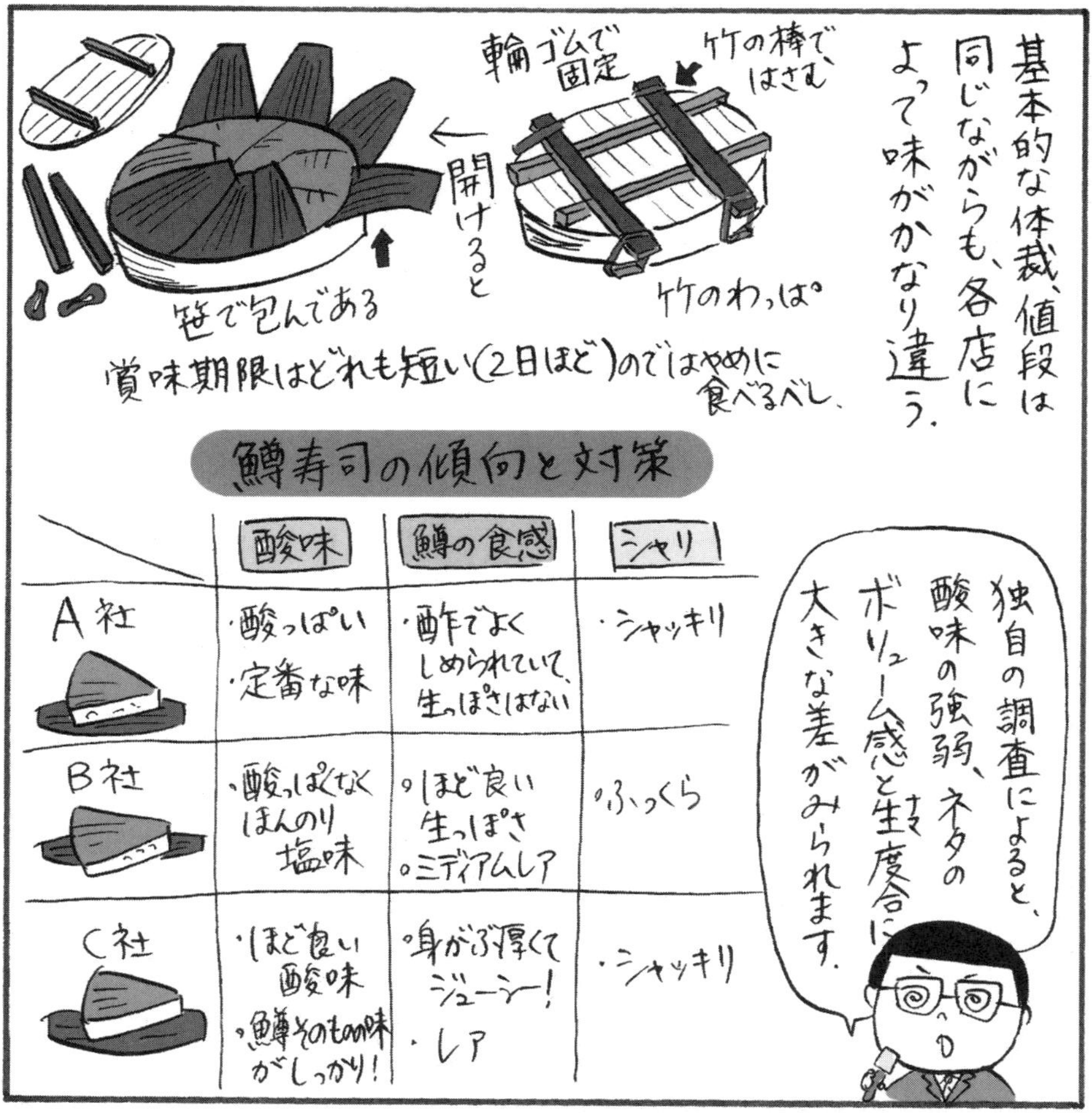
基本的な体裁、値段は同じながらも、各店によって味がかなり違う。
竹の棒ではさむ
輪ゴムで固定
竹のわっぱ
開けると
笹で包んである
賞味期限はどれも短い(2日ほど)のではやめに食べるべし。
鱒寿司の傾向と対策
酸味
鱒の食感
シャリ
A社
・酸っぱい ・定番な味
・酢でよくしめられていて、生っぽさはない
・シャッキリ
B社
・酸っぱくなくほんのり塩味
・ほど良い生っぽさ ・ミディアムレア
・ふっくら
C社
・ほど良い酸味 ・鱒そのものの味がしっかり!
・身がぶ厚くてジューシー! ・レア
・シャッキリ
独自の調査によると、酸味の強弱、ネタのボリューム感と生《ナマ》度合に大きな差がみられます。

ちなみにわが娘は若干6才にして鱒寿司のうまさをすでにわかっています。(私と大違い)
だから
奪い合い
ママ食べすぎて
年の数だけ食べるんじゃ
ムシャムシャ
ガツガツ
人にあげても喜ばれ、自分で食べてもうれしい鉄板の富山土産です。

よくばり
情報

ます寿司食べ歩きマップ

富山のソウルフード「鱒寿司」を作っているお店は、富山市内で30軒以上あるそうです。酸味、鱒の食感、シャリ…、各店にそれぞれ味や製法があるので、食べ歩いてみても、おもしろいかも!
富山市観光協会や、富山ます寿し協同組合のウェブサイトでは、鱒寿司のお店を紹介しています。地図もあって便利ですよー。

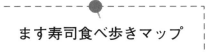

WE
（富山県民）
LOVE
昆布♡

私が余った刺身をせっせと昆布にはさんでいると、見かねた友人が、一体おぬしは何をしておるのか？　と尋ねました。これは「昆布締め」といって、昆布にはさむことで刺身を数日保存できるのだと伝えると、それを知らない友人は目を剥きました。

日本人はみな、余った刺身を昆布ではさむ習性を持つ民族かと思っていましたが、違うようです。富山県は昆布の消費量がトップクラスということで、出汁はもちろん、とろろ昆布でおにぎりを作ったり、刺身を包んだりと、鳴き声以外余すところなく使う、昆布ラバーの県です。

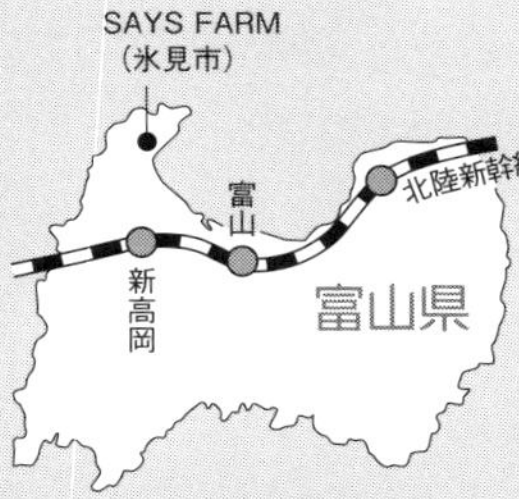

Vol.6

丘の上の素敵ワイナリー

—SAYS FARM—

旅に来たからにはおもしろいスポットを観光するのもいいけれど、その土地ならではのおいしいものも味わいたい、そう思うのが人情です。富山は海にも山にも恵まれているため、魚介や農作物の種類たっぷり、風味も豊かなのが自慢です。

じゃあ一体どこに行けば間違いのないものが味わえるの？　という**欲張りなそこの奥さん**、富山ならではの**海の幸も山の幸も味わえて、おいしいワインまで飲める**ところがあるんです！

今回おすすめする**セイズファーム**は、富山県氷見市の、海から少し離れた小高い丘の上にあるワイナリーです。

ワインの製造販売にとどまらず、氷見漁港で水揚げされた魚や氷見牛、近くの農園でとれた農作物を味わえる**レストランやギャラリー、宿泊施設**も運営しています。

氷見といえば氷見漁港でとれる海の幸、といったイメージが強いため、ワイナリーがあることにまず驚きました。スタッフの方にうかがったところ、湿気の多い海の近くでブドウ栽培に成功したのは、標高が少し高めで、**南向きの風通しの良い斜面**だったことが理由のひとつでもあるそうです。かつては耕作放棄地だったということですが、元は杜仲茶を栽培したり、牛を放牧していたという履歴のある土地をうまく再利用し、今では10枚の畑が広がっています。

薬剤をなるべく使わず、人の手やヤギによって除草し、コンパニオンプランツとしてクローバーを蒔くことで土が元気になる。そんな土地で手間ひまをかけて作られたブドウが、**年間約2万本のワイン**に仕上がって出荷されています。

富山でできたこだわりのワインのお味はこれいかに!?

SAYS FARM（セイズファーム）

住所　：富山県氷見市余川字北山238
Tel　：0766-72-8288
営業時間：ランチタイム（予約制）11:00〜15:30、カフェタイム15:00〜18:00、ディナータイム（予約制）17:00〜22:00（21:30LO）
定休日：無休（年末年始・冬期休業あり）
交通　：JR氷見駅からタクシーで約25分／能越自動車道 氷見高岡道路 氷見北インターから車で約10分
http://www.saysfarm.com

丘の上の
素敵ワイナリー
~SAYS FARM~
仕事でのまなきゃいけないんです。ハハまいったな~
SAYS FARM

およそ1万本のブドウの木が広がる畑
ここが数年前は耕作放棄地だったとはとても思えない!

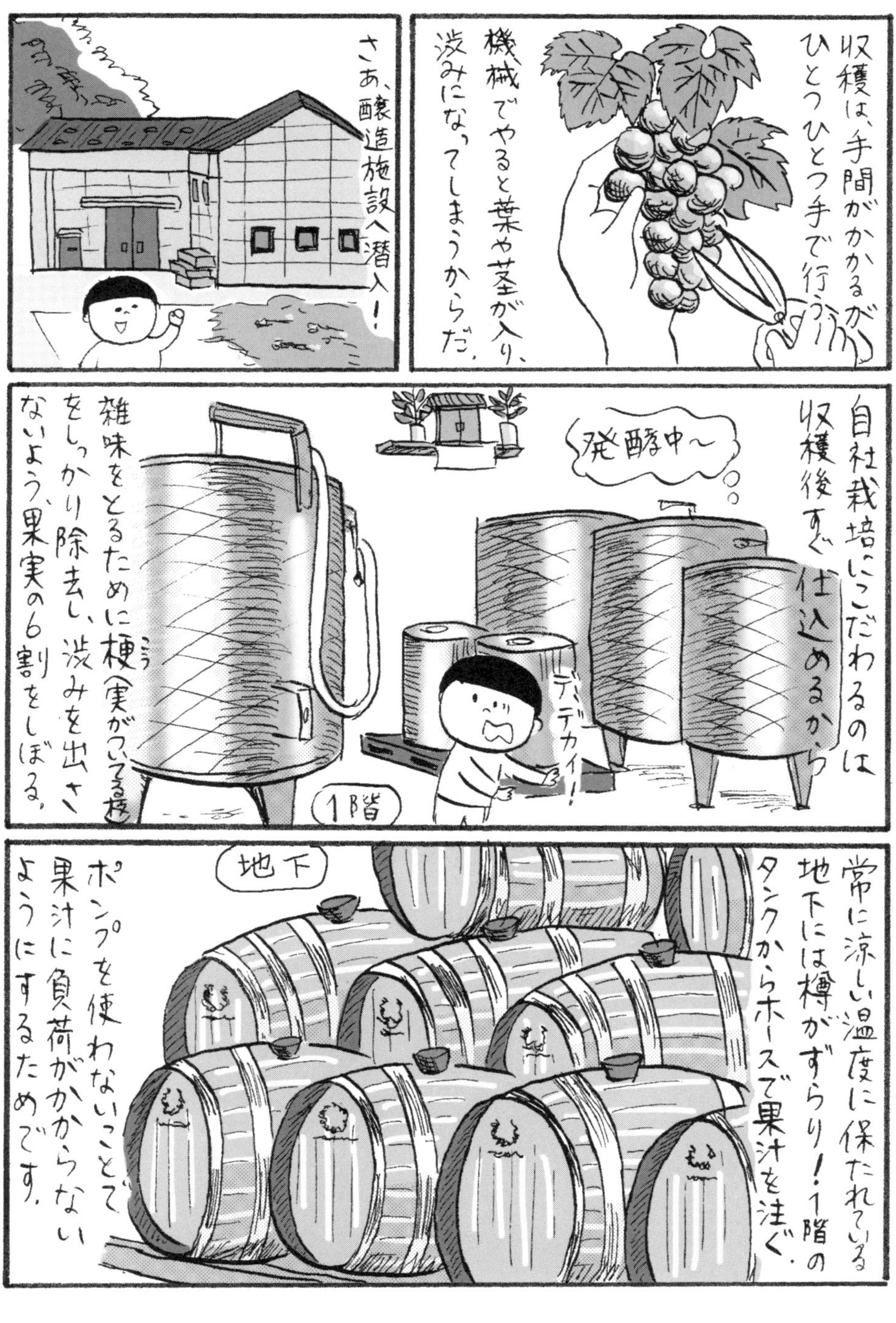
収穫は、手間がかかるがひとつひとつ手で行う。

機械でやると葉や茎が入り、渋みになってしまうからだ。

さあ、醸造施設へ潜入！

自社栽培にこだわるのは収穫後すぐ仕込めるから
発酵中〜

デデカイ！

雑味をとるために梗《こう》（実がついてる枝）をしっかり除去し、渋みを出さないよう、果実の6割をしぼる。

1階
常に涼しい温度に保たれている地下には樽がずらり！・1階のタンクからホースで果汁を注ぐ。

地下
ポンプを使わないことで果汁に負荷がかからないようにするためです。

樽に入れてから、赤なら1年、白なら半年ほどでビンに入れられ、出荷されます。
フレンチオークの樽で熟成。ブドウの特徴を損なわない木目の細かいカシの木。
CIDRE SAYS FARM
WINE-CHART SAYS FARM
シャルドネやメルロ、ロゼなど定番ワインの他にも、富山県産リンゴで作ったシードルもおいしい!
ヤギとたわむれるのもまた良し、
葉っぱ、食うか
イラネ
ワイナリー見学後は
やはり、飲む!
仕事なんだってばほんとまいったな〜
キレのあるさわやかな甘みと芳醇で豊かな香り…!
私の血はシャルドネが流れてるの
ガウ
余談ですが、世の中にはシャンパンの音を聞くグッズがあるとかないとか。
…

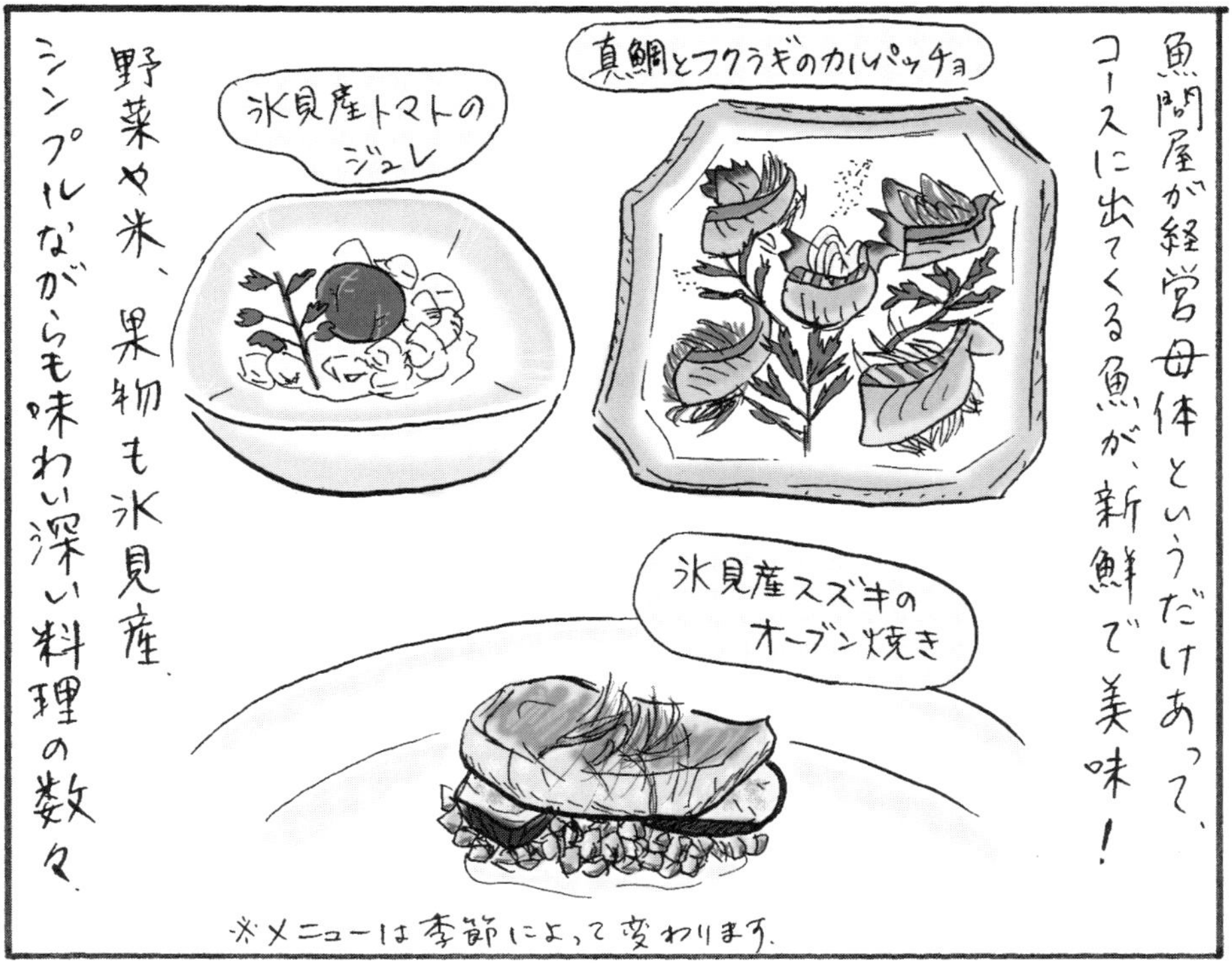

魚問屋が経営母体というだけあって、コースに出てくる魚が、新鮮で美味！
真鯛とフクラギのカルパッチョ
氷見産トマトのジュレ
野菜や米、果物も氷見産、
シンプルながらも味わい深い料理の数々。
氷見産スズキのオーブン焼き
※メニューは季節によって変わります。

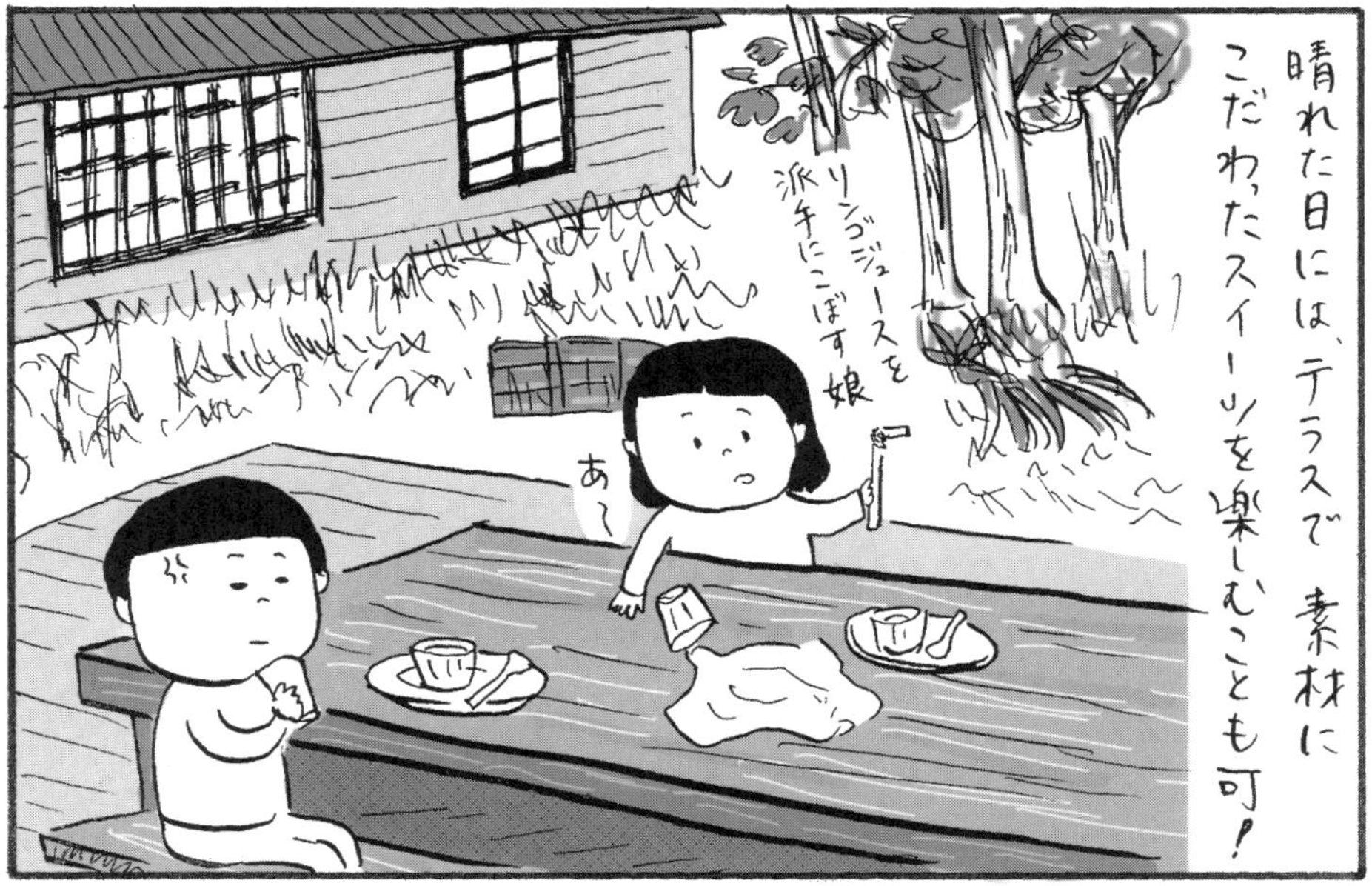

晴れた日には、テラスで素材にこだわったスイーツを楽しむことも可！
リンゴジュースを派手にこぼす娘
あ～

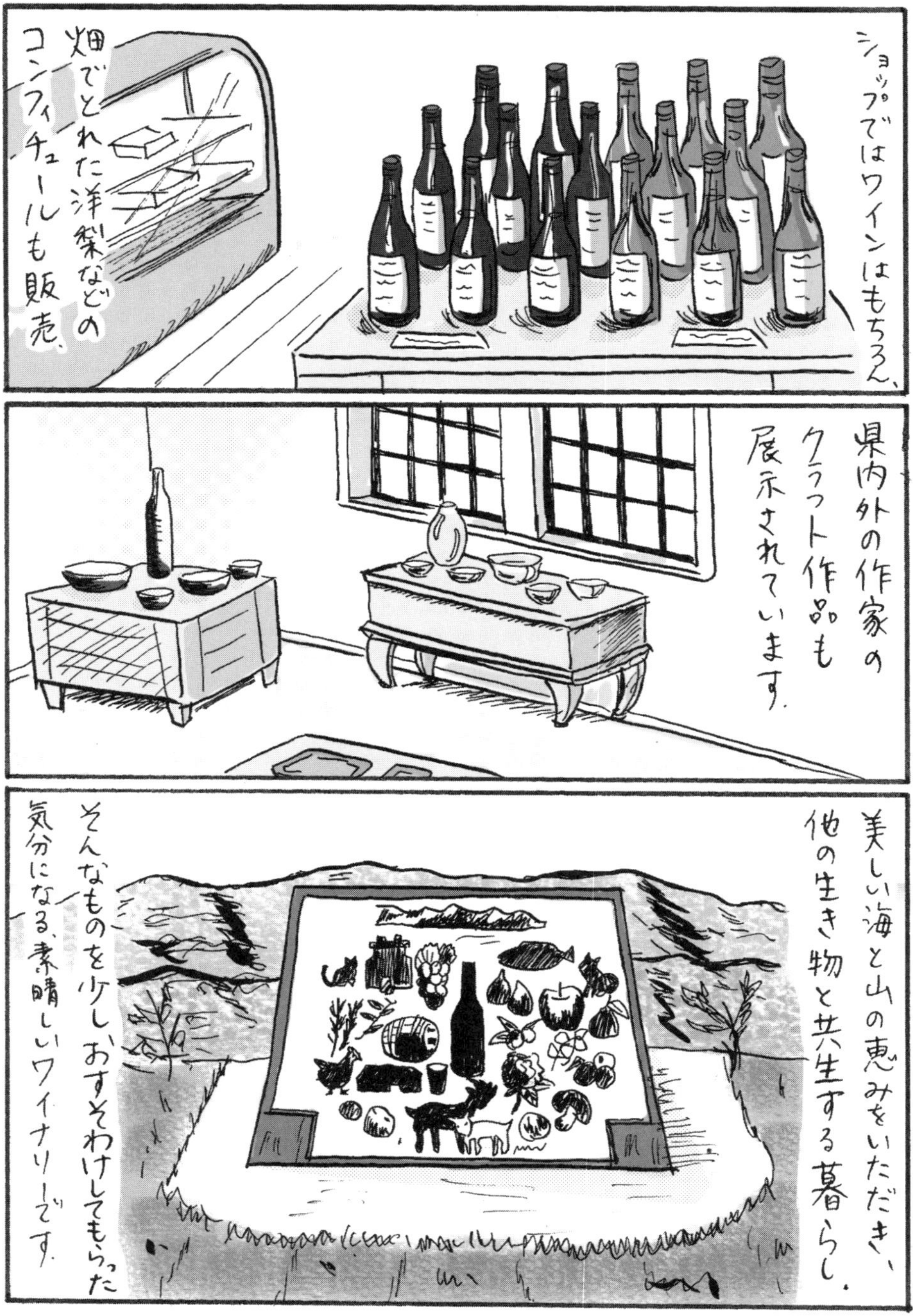
ショップではワインはもちろん、
畑でとれた洋梨などの
コンフィチュールも販売、
県内外の作家の
クラフト作品も
展示されています。
美しい海と山の恵みをいただき、
他の生き物と共生する暮らし。
そんなものを少しおすそわけしてもらった
気分になる、素晴しいワイナリーです。

よくばり
情報

飲めます。
おいしいワイン

SAYS FARM
シャルドネ 2013
3600 円

自社栽培ブドウから
厳選して仕上げた1本

温暖な気候を感じる果実の完熟感と寒い気候を感じる酸味、後味に残る塩味が一体となる、氷見独特のテロワールが醸すフラッグシップワイン。

※オンラインショップでも購入可能。品切れの場合もございます。ご了承ください。
http://www.saysfarm.com/shop/

泊まれます。
一棟貸しの別荘気分で

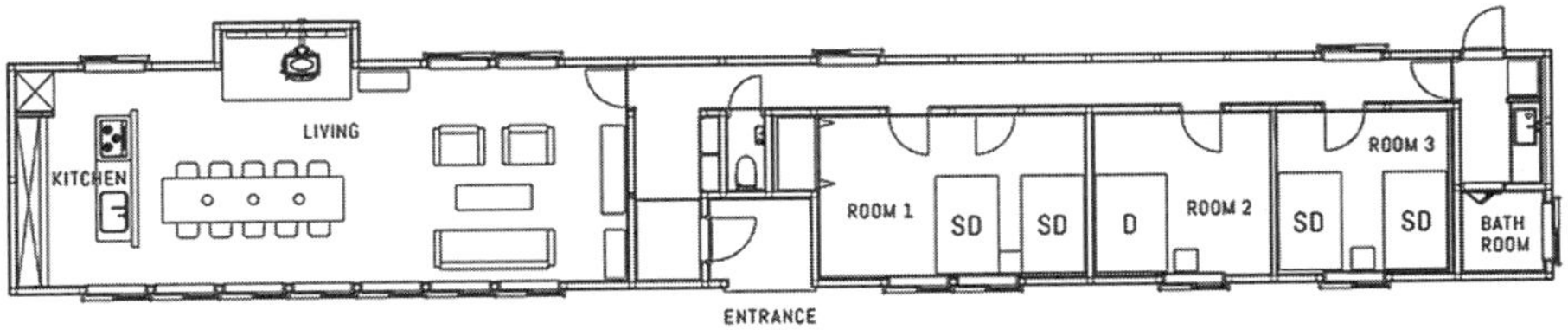

上質なステイを
暮らすように楽しむ

ワイナリーのゲストハウスに泊まれます（要予約／宿泊料金に食事は含まれません）。ワイナリーのレストランでワインと共に食事を楽しんだり、地元の食材を買ってきて仲間と一緒に料理したり、BBQしたりと楽しみ方はいろいろ。富山や金沢を巡る旅の拠点にどうぞ。

※予約はこちらから
http://www.saysfarm.com/stay/

Vol.7

トロッコ電車で秘湯へGO！

―黒部峡谷鉄道―

知りたいことがあればインターネットで情報は収集できるし、買い物だってぽちっとワンクリックで翌日には届く、それはそれは便利な世の中になったもんです。しかしまあ、便利すぎるおかげで退屈になったり、不便だった頃を懐かしく思ったりする厄介なのが人間です。

かくいう私も退屈で死にそうなので、これから**日本でもっとも不便な場所で、ひと風呂**浴びてくることにします。

電鉄富山駅から宇奈月温泉駅まで片道約1時間半、少し歩いて宇奈月駅からトロッコ電車こと**黒部峡谷鉄道**に乗り換えて、終点の欅平《けやきだいら》駅まで約1時間20分、さらにそこから歩くこと50分。**片道約4時間の過酷な移動**に耐えてきた勇者だけが浸かれる温泉があるのです！

トロッコ電車は大正8年、黒部峡谷での電源開発のために資材運搬用として建設されました。**当時は「安全は一切保障しない」**と切符に書かれてあったそうです。と、車内放送で室井滋ねえさんが詳しく説明してくれました。最近はすっかり富山の顔となった滋ねえさんのご活躍、うれしい限りです。

観光用として運行している現在では、客車は3種類あり、窓のないオープン型といわれる普通客車が最も臨場感があって楽しめます。春夏は新緑、秋には紅葉を楽しめる秘境。私も幼い頃、家族で行った覚えがあります。なんだかすごい谷底と、澄んだ空気に透明で水量豊かな川、そしてなんといっても**トロッコ電車のむき出しっぷり**にワクワクしたものです。

撮り鉄も乗り鉄もそうじゃない人も大興奮のトロッコ電車、それに乗って秘境にひと風呂浴びに行くなんて、なんとも贅沢じゃありませんか。言っとくけどＡｍａｚｏｎじゃあ買えませんからね！　**秘境といえば不便、不便といえば秘境**。それくらい不便が奏でるアドベンチャー感は真に迫るものがあるのです。

黒部峡谷鉄道営業センター
Tel：0765-62-1011
http://www.kurotetu.co.jp

宇奈月温泉観光案内所
（一社）黒部・宇奈月温泉観光局
Tel：0765-62-1515
http://www.kurobe-unazuki.jp

トロッコ電車で
秘湯へGO!
〜黒部峡谷鉄道〜
10月某日、秋晴れ、気温14℃
いざ、黒部峡谷へ!
ニット帽あるとよい
マウンテンパーカー
リュック
手袋あってもよいかも
←トレッキングブーツ
来る前に、撮る。
まずは
キャー
パシャ
パシャ
ジャマ…

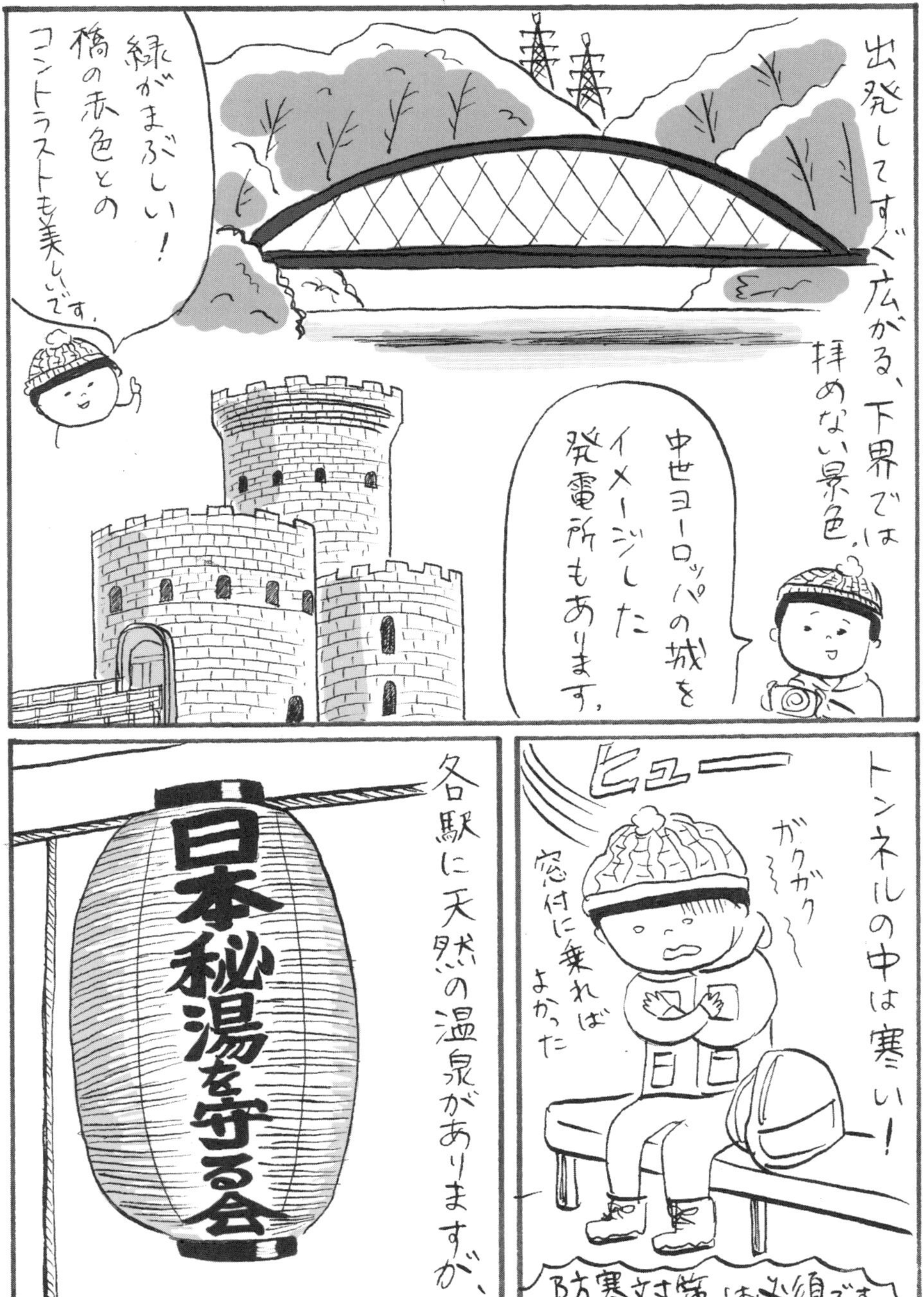
出発してすぐ広がる、下界では拝めない景色。
緑がまぶしい！橋の赤色とのコントラストも美しいです。
中世ヨーロッパの城をイメージした発電所もあります。
ヒュー
トンネルの中は寒い！
ガクガク
窓付に乗ればよかった
防寒対策は必須です
各駅に天然の温泉がありますが、
日本秘湯を守る会

より秘境感の高い温泉を目指す。
落石が多いのでヘルメットをかぶります
名剣温泉・祖母谷温泉方面へ向かわれる方へ
当該道路は、気象状況等によりまれに落石が発生するエリアです。
通行できるように整備はしますが、100%の安全を保障している
ものではありません。
通行される方は、危険がついてまわることを十分に理解した上で、
自己の責任において注意してご通行ください。
なお、頭部防護のためのヘルメットを設置しており、
の判断においてご利用ください。
また、ヘルメットをご利用された方は、必ず返
ムード満点!
祖母谷渓谷
祖母谷川
目指すはココ、祖母谷《ばばだに》地獄《じごく》!
ま
こんなのが出てきそうなネーミング
人喰岩《ひとくいいわ》
欅平駅

祖母谷《ばばだに》の源泉と、
まっ黒で激熱
祖母谷川《ばばだにがわ》の水を混ぜて、
ザー
ちべたい
露天風呂を超えた、
オリジナル天然温泉をつくる！
ワイルドだろ？
…べく、石を動かし、
川の冷水と、
源泉の熱湯の
ブレンドを試みる。
ザーッ
この石を
ここに
置いて、と

熱湯と冷水のブレンドが実に難しいのだ。
アチッ
と思いきや
つめたい〜
試行錯誤の末、
野良足湯…
やれやれ
史上最ワイルドな温泉の完成です!
帰りは宇奈月地ビールで乾杯
プハー
モーツァルトをきかせて熟成
宇奈月ビール
BEER
ワンタッチでお湯がでるって、魔法だよな〜
なんだかんだ、文明サイコー!

よくばり情報

黒部峡谷鉄道は
こうなっています！

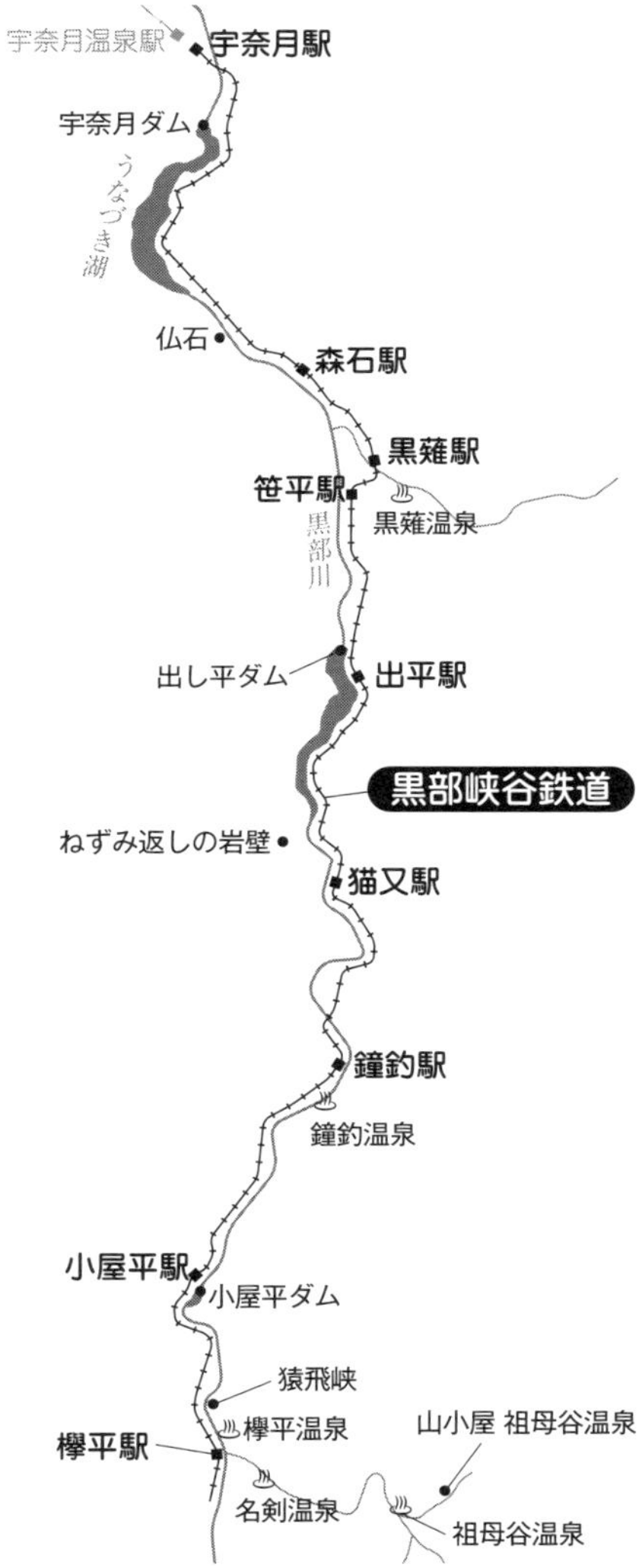

● 黒部峡谷鉄道までのアクセス

JR富山駅
← 徒歩すぐ
電鉄富山駅
← 富山地鉄本線 約1時間35分（特急1時間9分）
宇奈月温泉駅
← 徒歩5分
黒部峡谷鉄道宇奈月駅

JR黒部宇奈月温泉駅
← 徒歩すぐ
電鉄新黒部駅
富山地鉄本線 約23分（特急約17分）→ 宇奈月温泉駅

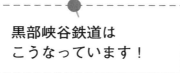

故郷に錦を飾りまくる

富山県には、気がつけば多数のマスコットキャラクターが生息している。

富山県警察のマスコットは「立山くん」だし、黒部市の名水のマスコットは「ウォー太郎」、氷見市の公認キャラクターは「ひみぼうずくん」、富山県こどもみらい館には「ハニーくんとニハちゃん」がいる。

立山だったり水だったり埴輪だったり、それぞれは何かしらの化身なのですが、よーく見てみるとなんとなく共通のタッチを発見することでしょう。実は、これらはすべて藤子不二雄Ⓐ先生のデザインなのです！

いやー、道理でみんな、「怪物くん」に出てきそうな面構えなんですね。敬愛する藤子先生が、故郷に錦を飾りまくっていて、うれしい限りです。

私も富山がらみの
ゆるキャラつくりたい。
そしてグッズでもうけたい。

Vol.8

攻めの姿勢で守る伝統

―能作―

問題、**富山県高岡市で有名なこと**といえば、何でしょうか？

はーい、足塚不二雄！　もとい藤子・F・不二雄先生の出身地！

そうですね、わからなかった人は「まんが道」を読み直しましょうね。

富山県にはホタルイカを奉るミュージアムがあるのに、なぜ藤子不二雄ミュージアムがないのかが「SF」（すこし、ふしぎ）でなりません。

閑話休題。

高岡銅器は、加賀藩主・前田利長が高岡の町を繁栄させるために鋳造師を高岡市金屋町に呼び寄せたことが始まりだそうです。日用品や美術工芸品、第二次世界大戦中は飛行機の部品生産など、幅広く生産が行われました。

最近では、各地の自治体がまちおこしの一環として人気キャラクターの銅像を設置するという話をよく聞きますが、世田谷区桜新町のサザエさんも、鳥取県境港市の鬼太郎も、葛飾区のこち亀の両さんやキャプテン翼の銅像も、実は**みーんなメイドイン高岡**なのです。私の敬愛する藤子不二雄像もぜひ富山に作ってほしいものです。

長い歴史を持つ伝統技術も、バブル景気以降は売上げが低迷し、後継者不足が囁かれています。しかしその流れを変えつつあるのが、**高岡銅器を代表するメーカー「能作」**です。高岡市戸出には銅器団地という地区があり、数十社の銅器メーカーが集まっています。その中に「能作」の本社と工場があり、革新的な商品開発を行っています。

例えば、目黒のオサレなホテル、CLASKAのロビーの照明を真鍮で製作し、伝統工芸のメーカーが画期的な照明を作ったということで評判になりました。また、風鈴を作ったことにより、長年の金属加工技術とデザイン力、そして商品開発力とが見事に結合、急成長しました。その他テーブルウェアやホームアクセサリーなど独自の商品開発で、「能作」のブランド力は盤石なものとなっていきました。

銅器業界に風穴を開けた能作の工場にお邪魔しまーす!

株式会社　能作

住所：富山県高岡市戸出栄町46-1
Tel　:0766-63-5080
http://www.nousaku.co.jp
※能作の商品を購入できるショップ情報は
→P78へ

攻めの姿勢で 守る伝統

—能作—

仏具デビューはまだ早い、そう思っていました、
能作を知るまでは。
tsukihana
カ、カワイイじゃないの♡
あらやだ
いただくわ
これなら若者の仏具離れも解消!

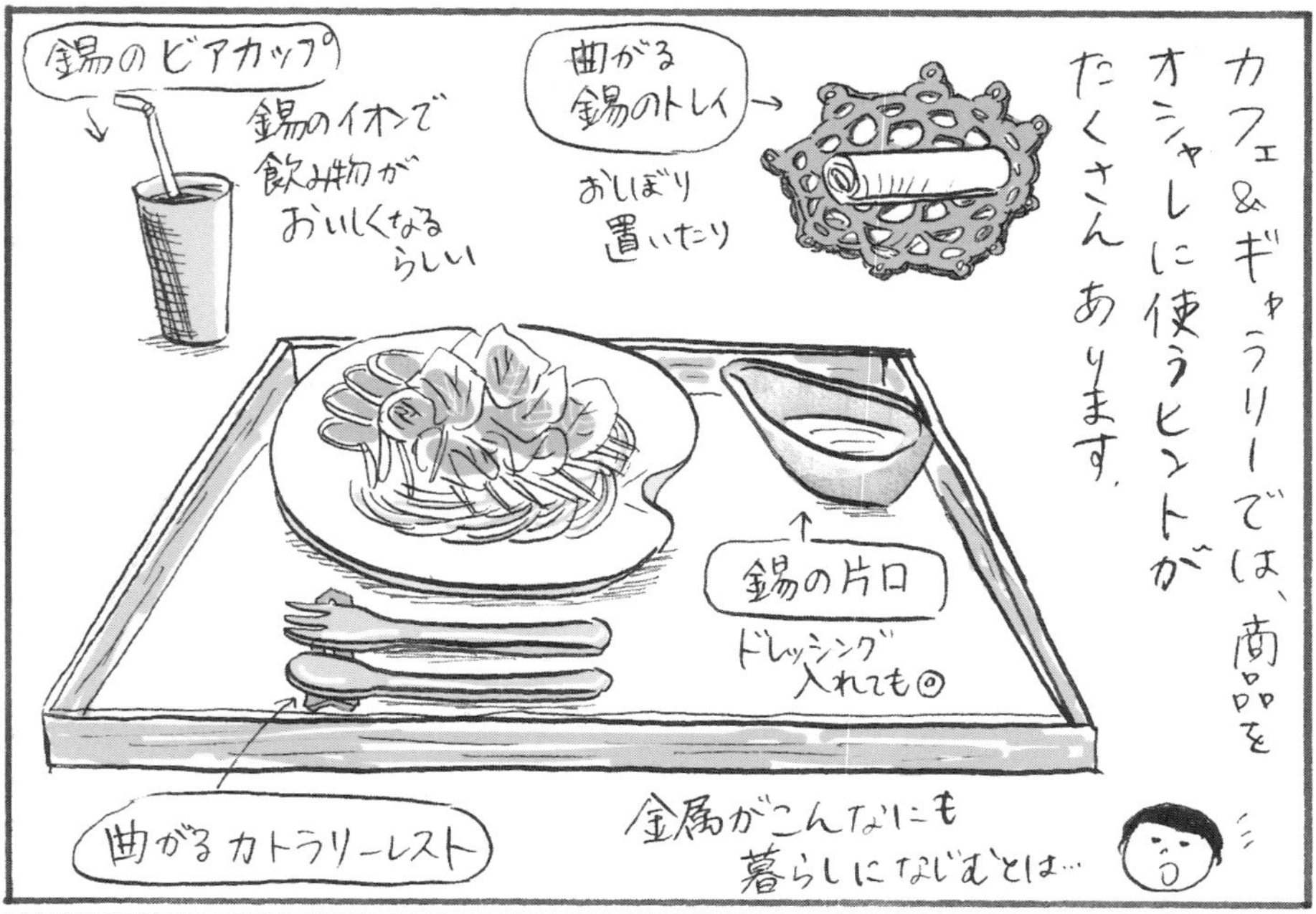
カフェ&ギャラリーでは、商品をオシャレに使うヒントがたくさんあります。
曲がる錫のトレイ
おしぼり置いたり
錫のビアカップ
錫のイオンで飲み物がおいしくなるらしい
錫の片口
ドレッシング入れても◎
曲がるカトラリーレスト
金属がこんなにも暮らしになじむとは…

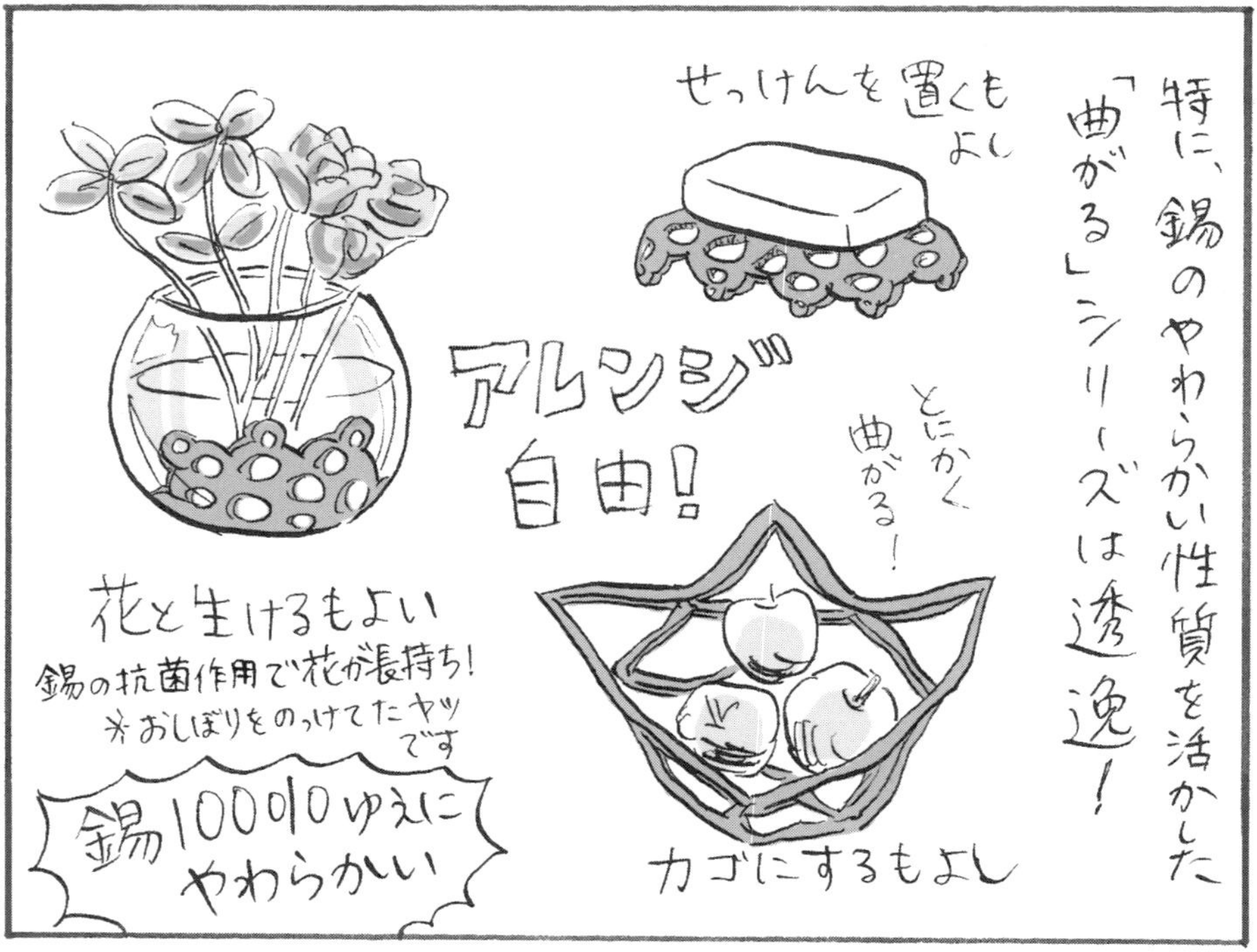
特に、錫のやわらかい性質を活かした「曲がる」シリーズは透逸!
せっけんを置くもよし
アレンジ自由!
とにかく曲がる!
カゴにするもよし
花と生けるもよい
錫の抗菌作用で花が長持ち!
※おしぼりをのっけてたヤツです
錫100%ゆえにやわらかい

どのくらい曲がるのか、試したくなるのが人情ってもんです。
この平べったい金属が
こうなって
帽子にも
ああなって
仮面にも
元にちゃんと戻るのもスゴイ！
あげくの果ては
ブラジャーにも
※良い子は適切に曲げましょう！
ハッ
きゅん
青銅のはりねずみの親子を発見、苔を生やしています！
ママ～あいつ、こっち来るよ
見ちゃイケマセン
苔好きにオススメはこちら

伝統工芸は後継者不足と言われますが、
能作は若い職人さんが多い！

曲がるシリーズで大活躍の錫は
他の金属より融点が低いため、
鍋で溶かすそう。
錫の延棒《のべぼう》を鍋に投入
←おたまで溶かす作業
←ふつうのコンロ

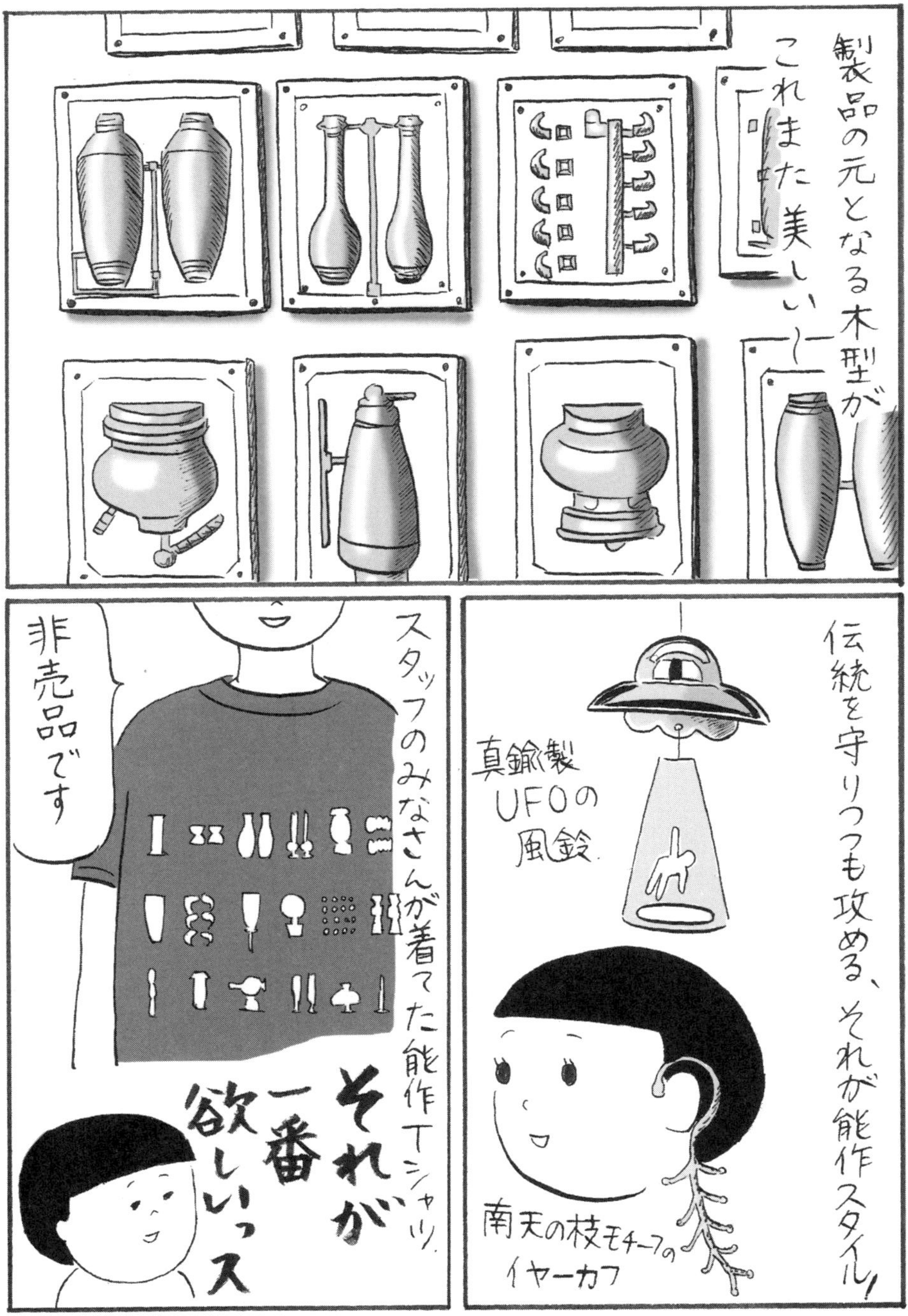
製品の元となる木型が
これまた美しい〜
伝統を守りつつも攻める、それが能作スタイル！
真鍮製UFOの風鈴
南天の枝モチーフのイヤーカフ
スタッフのみなさんが着てた能作Tシャツ。
非売品です
それが一番欲しいっス

よくばり
情報

能作の商品紹介

ビアカップ

ビールの味が際
立つ錫100%の
ビアカップ。

KAGO – スクエア – L

自在に曲がる、曲げ
て使う錫のKAGO。

スリム
シルバー

真鍮ならではの
澄み切った音色
が楽しめる風鈴。

はりねずみ – 青銅

苔を背負ったかわい
らしいはりねずみ。

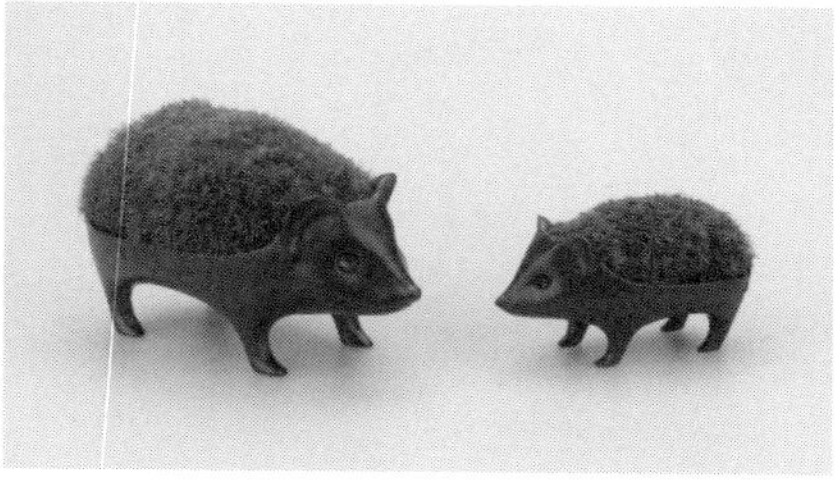

● 富山県内で能作の商品を買えるショップ

マリエとやま店

住所 ：富山県富山市桜町
1-1-61
tel ：076-464-6008(直通)
営業時間：10:00-20:00
定休日 ：無休

富山大和店

住所 ：富山県富山市総曲輪
3-8-6-5F
tel ：076-424-1111(代表)
営業時間：10:00-19:00
定休日 ：不定休

GALLERY NOUSAKU

住所 ：富山県高岡市熊野町
1-28
tel ：0766-21-7007
営業時間：10:00-19:00
(日曜・祝日～18:00)
定休日 ：月・火曜

Vol.9

機の声の町、城端を彩る絓絹《しけきぬ》

―松井機業―

富山の歴史をたどっていくと、加賀藩から分藩されて富山藩ができた、という事実に行き着きます。富山は金沢には文化的にかなわない、そんなことを「はじめに」に書きましたが、それもそのはず、でっかい本社が金沢で、ちっちゃい支社が富山みたいなものだったんですね。現在の富山県には、加賀藩の庇護によって栄えた産業が高岡銅器の他にもあります。城《じょう》端絹《はなぎぬ》です。

富山県南砺市城端で**100年以上続く絹織物業「松井機業」**の若き6代目（見習い）松井紀子さんは、証券会社でバリバリ働き、充実した東京ライフを送る中で、ある時、絹織物の魅力に気づきUターンして家業を継ぐことを決めたといいます。

絹は手触りが良いのはもちろん、紫外線を防いだり、湿気を吸収したり、手術の糸に使われていたりと、大変優れた天然の繊維。

えらい、えらいよ蚕! ちなみに、蚕って昆虫ですが1匹2匹と数えません。家畜としては牛や豚よりも歴史が古く、1頭2頭と数えます。**「おかいこさん」**と敬意を込めて呼ぶこともあります。

松井機業のタペストリーを見てみると、ところどころ、ポツリポツリと糸のかたまりのようなものがあります。普通は1頭の蚕が1つの繭を作りますが、ごくまれに、**2頭の蚕が1つの繭を作り出す**ことがあるそうです。2頭の蚕が吐いた糸が複雑に絡み合うことでそのようなかたまりができ、その繭玉からできる糸を織り上げて作られたものを絓絹《しけきぬ》といいます。絓絹に和紙を合わせれば、高級な襖のできあがりです。

かつて城端絹は「加賀絹」として大都市に流通していましたが、衣と住が大きく変化した現在では着物や襖の売上げは低迷し、城端にも多数あった機屋さんもめっきり減ってしまいました。そんな状況に自ら飛び込んだ若き6代目、一体どんな秘策を繰り出してくれるのでしょうか。

株式会社 松井機業

住所　：富山県南砺市城端3393
Tel　：0763-62-1230
営業時間：10：00～17:00
料金　：工場見学600円(10～30分)
定休日　：土・日曜(※土・日曜の工場見学希望はお問い合わせを)

http://www.shikesilk.com/

※展示場にて商品の直販もあり。

※松井機業の商品が買えるショップ情報は→P86へ

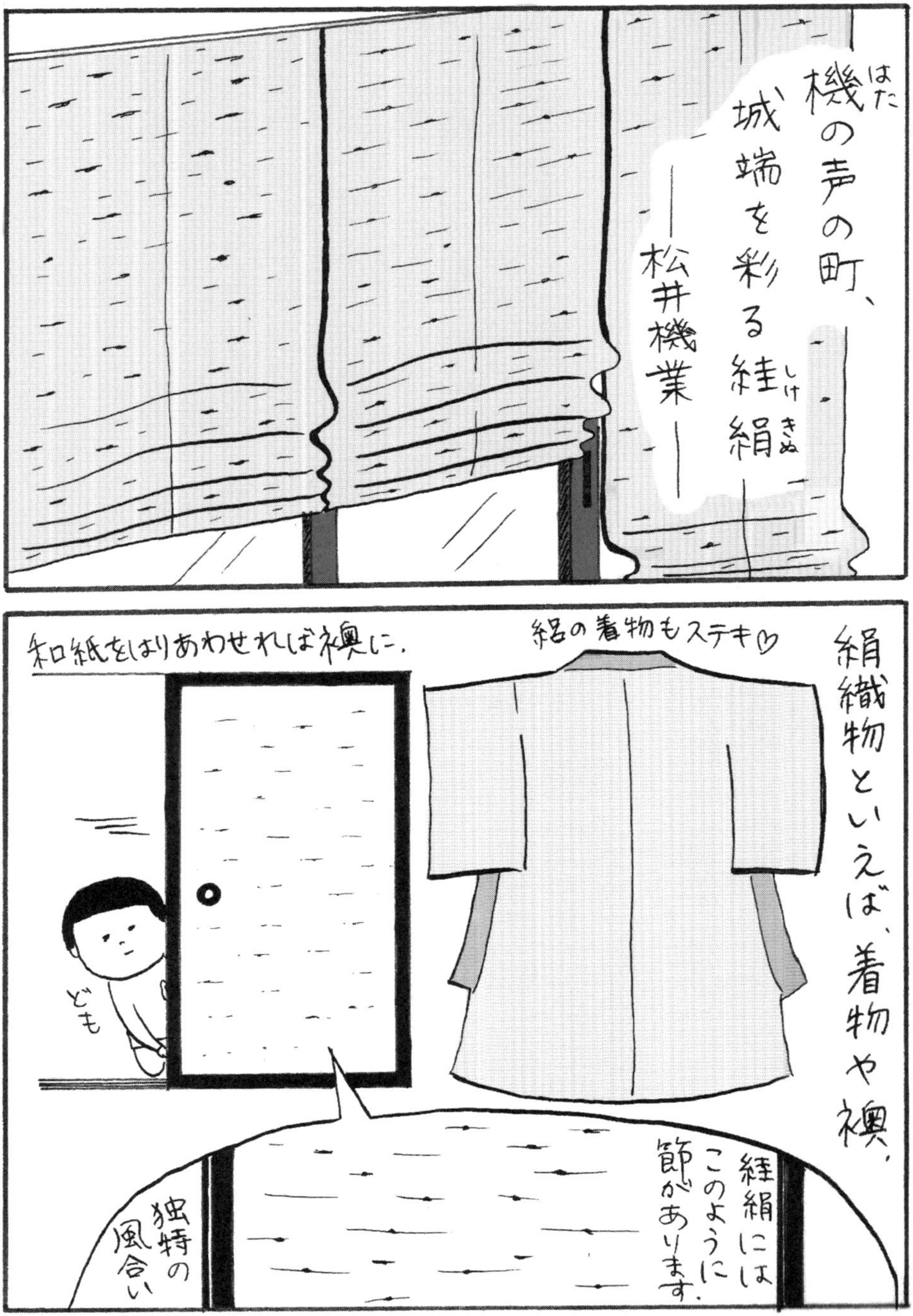
機《はた》の声の町、
城端を彩る絓《しけ》絹《きぬ》
―松井機業―
絹織物といえば、着物や襖、
絽の着物もステキ♡
和紙をはりあわせれば襖に。
ども
絓絹にはこのように節があります。
独特の風合い

んが！六代目のアイデアは
それだけにとどまらない。
株式會社 松井機業場
株式会社 松井機業場

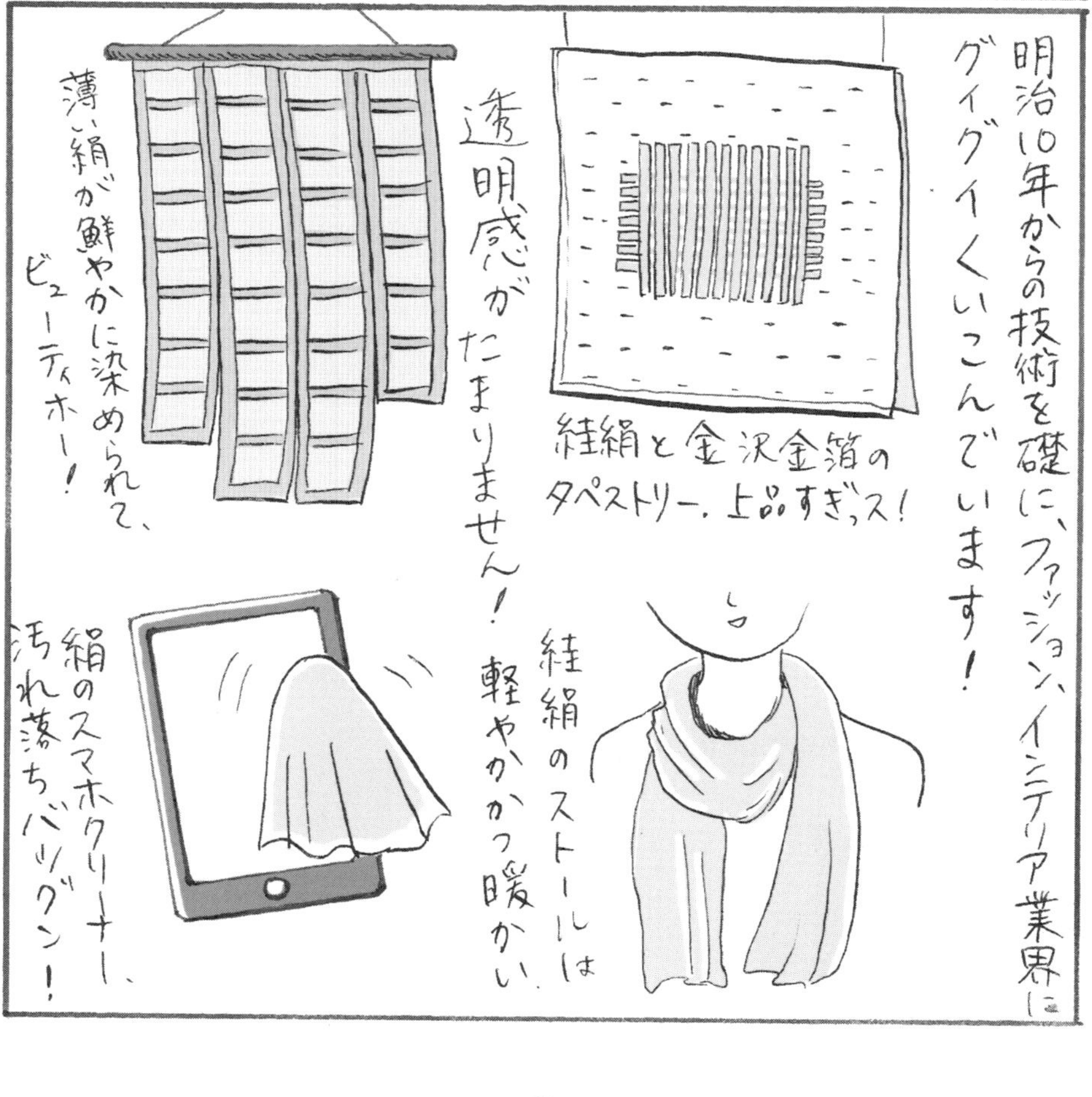
明治10年からの技術を礎に、ファッション、インテリア業界に
グイグイくいこんでいます！
絓絹と金沢金箔のタペストリー。上品すぎっス！
透明感がたまりません！
薄い絹が鮮やかに染められて、
ビューティホー！
絓絹のストールは
軽やかかつ暖かい。
絹のスマホクリーナー。
汚れ落ちバツグン！

シルクタンパクと富山の海洋深層水から作った入浴剤まであります。
女子力高めアイテム
SILK Fairy
蚕の作るタンパク質は、人の肌になじみやすい！
よんだ？
六代目がじきじきにお茶をいれてくれた。
うれしい。
あざーす
ゴクゴク
取材でお茶を出されたことがないので、遠慮を知らない
こ、これは！

このコースターも、
ひょっとして き、絹ですか!?
カタくて シワシワ
コレ…キヌ…? ワシ…?
衝撃のあまり
カタコト。
そうです、絹と和紙です
それTOMSシューズですよね、いいですよねー
イヤン、バレた?
←コレ
さりげない自社製品アピールにファッションチェック…
この女…デキる!!
さすが元営業

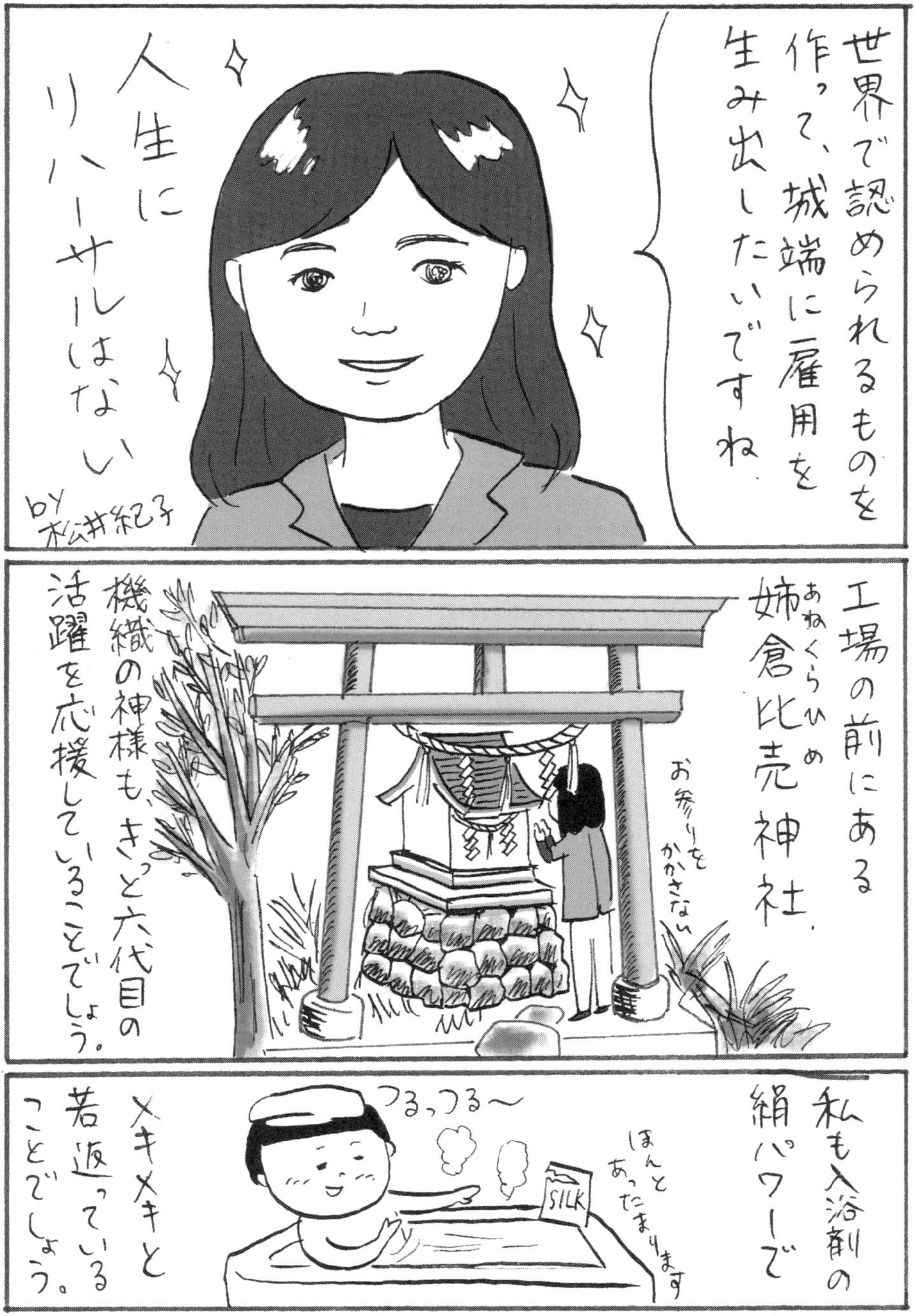
世界で認められるものを
作って、城端に雇用を
生み出したいですね。
人生に
リハーサルはない
by松井紀子
工場の前にある
姉倉比売《あねくらひめ》神社。
お参りをかかさない
機織の神様も、きっと六代目の
活躍を応援していることでしょう。
私も入浴剤の
絹パワーで
メキメキと
若返っている
ことでしょう。
つるっつる〜
ほんとあったまります
SILK

気軽に
買える!

松井機業の商品紹介

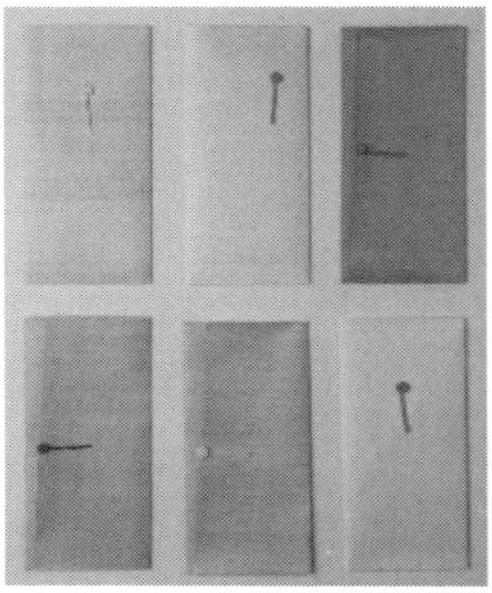

心づけ袋

美しい城端しけ絹の風合いをいかした品。ちょっとしたお返しなどに。

敷くシルク しけ絹紙コースター

絹の光沢により、テーブルに置くだけで華やかに。

拭くシルク

携帯電話やメガネなどを拭くクリーナー。豊富なカラーバリエーション。

シルクタンパク入り入浴剤「SILK Fairy」

敏感肌の方も、しっとりなめらかな素肌に。

土・日曜も
営業中!

● 富山県内で松井機業の商品を買えるショップ

リバーリトリート雅樂倶

住所　：富山県富山市春日56-2
tel　：076-467-5550
開館時間：9:00～18:00
（休日8:00～）
休業日　：水曜
http://www.garaku.co.jp/

樂翠亭美術館

住所　：富山県富山市奥田新町
2-27
tel　：076-439-2200
開館時間：10:00～17:00
休館日　：水曜、年末年始
http://www.rakusuitei.jp/

じょうはな織館

住所　：富山県南砺市城端648-1
tel　：0763-62-8880
開館時間：10:00～17:30（11～3月
は～17:00）
休館日　：水曜（祝日開館）、年末年始
http://www.oriyakata.com/

Vol.10

芸術が発光する箱

―下山芸術の森 発電所美術館―

私は**「○○を改装した」という枕詞**がついた建物にめっぽう弱い。例えば、「町家を改装したアトリエ」だとか、「銭湯を改装したカフェ」といったように。

真新しく一から建てられたものもいいが、以前の記憶の断片を残したまま、素知らぬ顔して飄々と別の建物に転身していることに、なぜか心惹かれる。**昔の女の名前の入れ墨が入ったまま新しい女のもとに通う男**のようだ。全然違うな。

そんな私の琴線に触れまくりの建造物が、富山県にあるというではないですか。それも「ホニャララ」を改装した美術館なのですが、元は一体何だったのでしょうか。

ここはなんと**「発電所」を改装した美術館**なのです！

ビキビキーーーーーン！（琴線に触れた音）

入善町の田んぼの中にポツンと建っている美術館、というだけではよっぽどの展示物がない限り腰の重い私が動くことはないが、**取り壊される予定だった水力発電所**を譲り受けた美術館と聞いて、とにかく建物を見たい、という衝動にかられた。普通は見たい展示があって初めて出向くのですが、**発電所と美術館という異色のマリアージュ**を見たくてたまらない。展示が行われている時でないと開館していない、というこれまた硬派なところも気になる

ア・イ・ツ。

大正時代のレンガ造りの建物の中に入るとそこは…

なんということでしょう！

小型水力発電所の面影はそのままに、広々とした空間を活かした縄の立体作品がダイナミックに展示されていました。

（今回は「ニシダツトム・舘寿弥 展」）

入善町 下山芸術の森 発電所美術館

住所　：富山県下新川郡入善町下山364-1
Tel　：0765-78-0621
開館時間：9:00～17:00（入館は～16:30）
※企画展の内容により変更あり
定休日：月曜、祝日の翌日（月曜が祝日の場合、翌火曜休）、展示替え期間中（1～2週間）、冬期（12月中旬～2月末）
料金　：企画展／一般500円、大学・高校生300円、中学生以下無料 収蔵品展／一般200円、大学・高校生100円、中学生以下無料 毎年11月3日（文化の日）は無料
交通　：JR北陸本線入善駅下車、タクシーで約10分／北陸自動車道黒部インターから約15分、ETC搭載車の場合、入善スマートインターチェンジから約5分

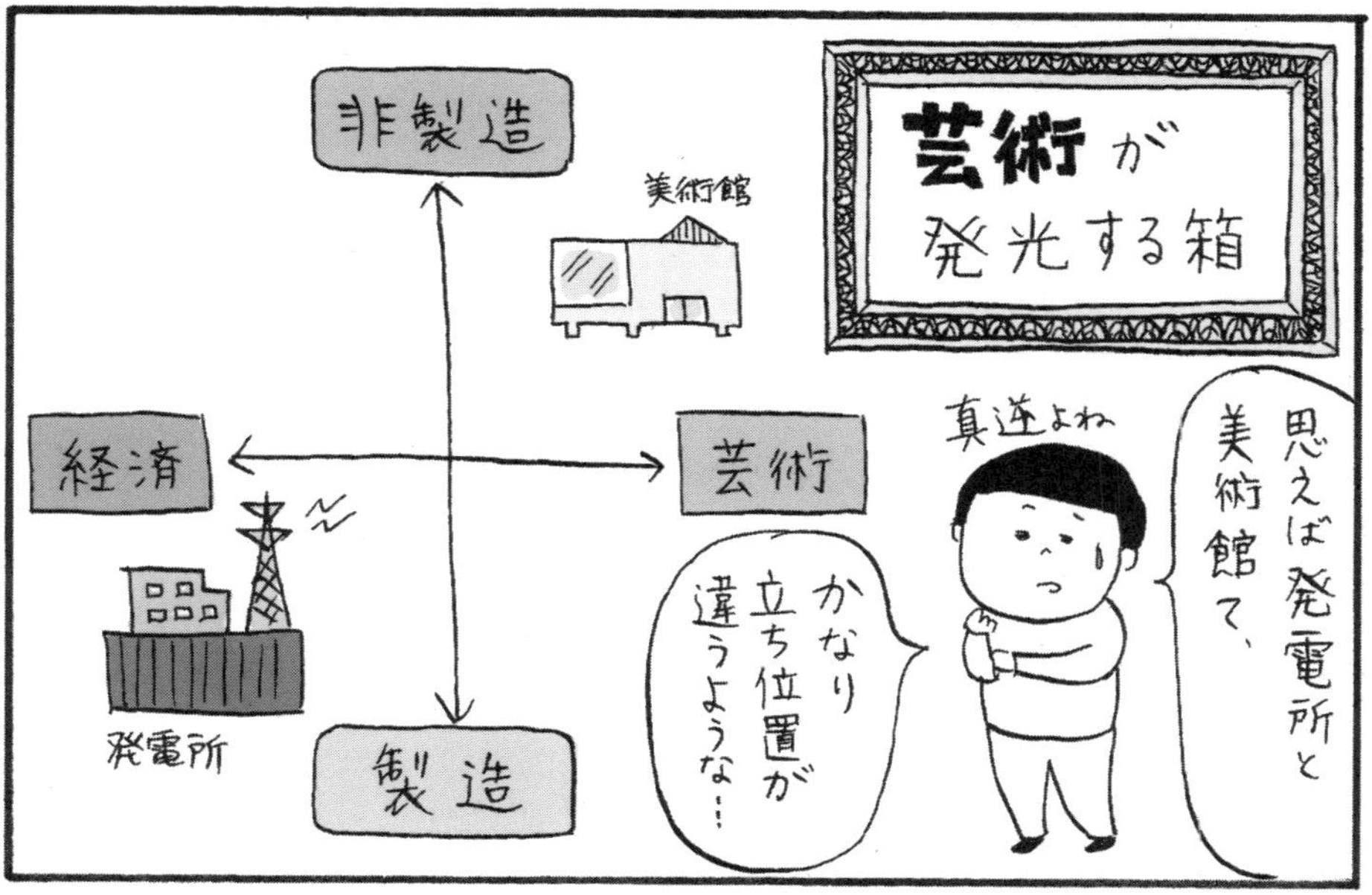
芸術が
発光する箱
非製造
美術館
経済
芸術
発電所
製造
真逆よね
思えば美術館て、発電所と
かなり立ち位置が違うような…

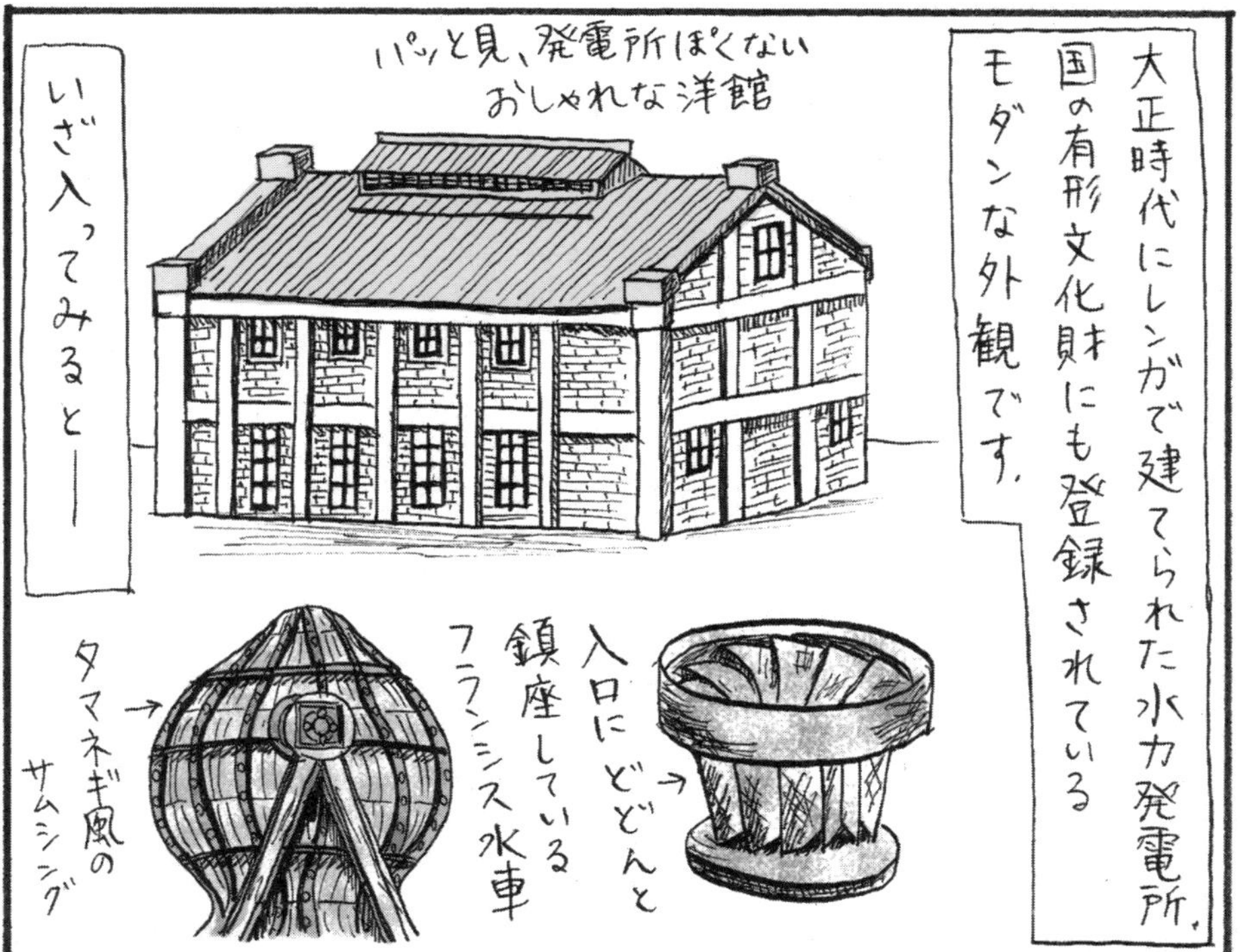
大正時代にレンガで建てられた水力発電所。
国の有形文化財にも登録されている
モダンな外観です。
パッと見、発電所ぽくない
おしゃれな洋館
いざ入ってみると――
入口にどどんと
鎮座している
フランシス水車
タマネギ風の
サムシング

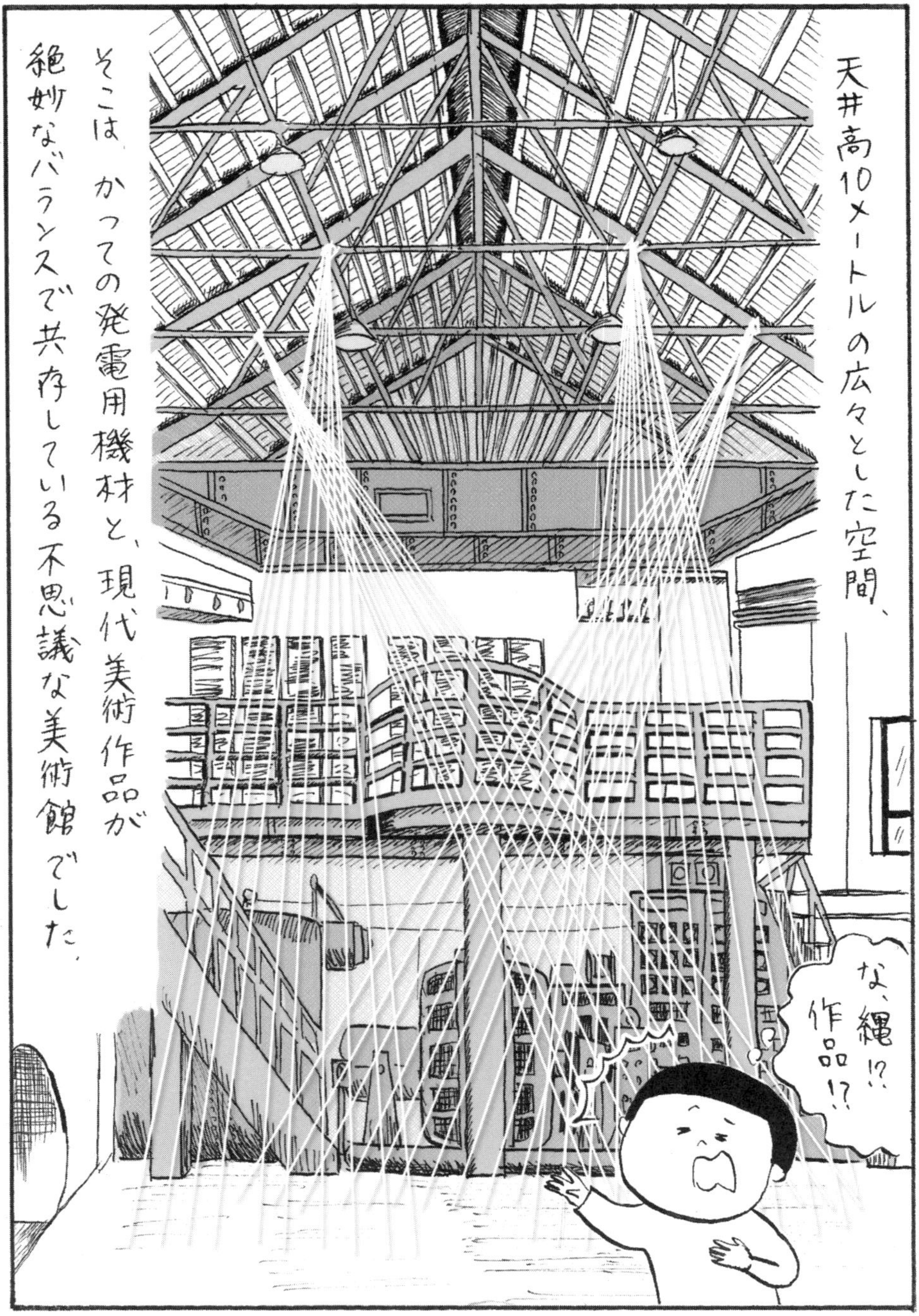
天井高10メートルの広々とした空間、
そこは、かつての発電用機材と、現代美術作品が
絶妙なバランスで共存している不思議な美術館でした。
な、縄!?
作品!?

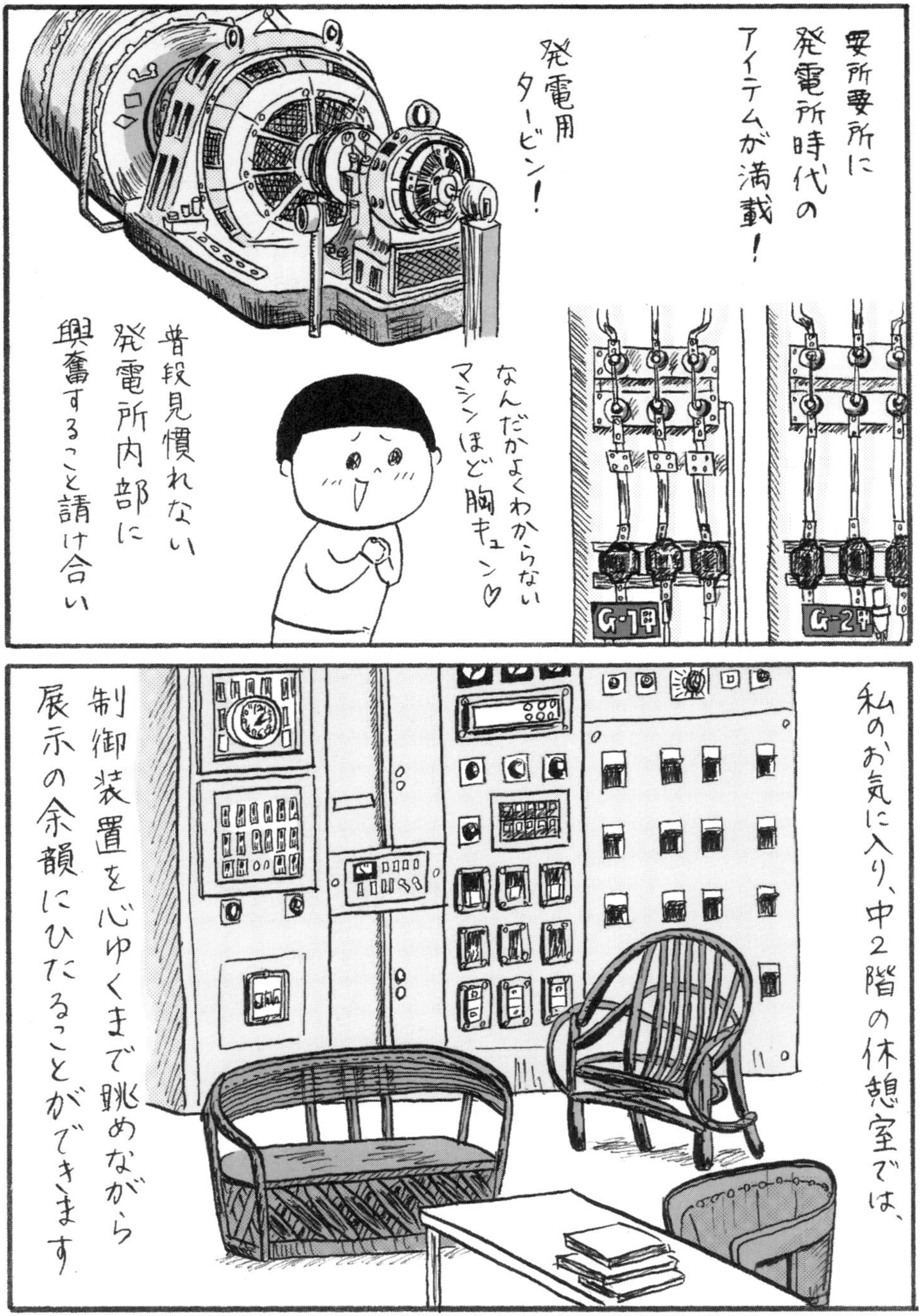
要所要所に発電所時代のアイテムが満載！
発電用タービン！
G-1甲
G-2甲
なんだかよくわからないマシンほど胸キュン♡
普段見慣れない発電所内部に興奮すること請け合い
私のお気に入り、中2階の休憩室では、
制御装置を心ゆくまで眺めながら
展示の余韻にひたることができます

建物の外には、水力発電所だった名残の
導水管の迫力に圧倒されます。
展望台から見えるは
黒部川扇状地ののどかな田園風景
北アルプスを源にする
黒部川の名水が、
ガブガブ
高瀬
湧水の庭
美術館付近に惜しげも
なく湧き出ているので、
立ち寄るのもまた
オツであります。

Vol.11

コーヒーは旅の味

—珈琲駅 ブルートレイン—

私が**住みたい街の条件**として、品揃えの良い本屋があること、素敵な骨董屋があること、そして**落ち着く喫茶店**があることがあげられます。良い街には良い喫茶店がある！ いろいろな街に住んでみたところ、そういう結論になりました。

そうです、お察しの通り私は無類の喫茶店好きです。もうね、喫茶店に住みたい。喫茶店になりたい。前世、喫茶店だったのかもしれない。

コーヒーが好きなので家でも飲みますが、家で飲むのとはまた違った環境で飲むのがいいんですよね。ほの暗い照明、美しいカップ＆ソーサー、店内に満ちる音楽。もはや**空間を飲みに来ている**と言っても過言ではありません。

かつて富山にも良い喫茶店が多数あり、昔はよく父に連れられて行きました。父は新聞を読みながらコーヒーを飲み、私はケーキを食べながら、特に何かを話すでもなく、束の間のひとときを過ごしたものです。残念ながら今では閉店してしまった店も多く、大手カフェチェーン店が席巻しています。

が、しかし！　どうせお金を払うならそういったグローバル企業よりも、**こだわりの個人店**を応援したい。そしてマスターのこだわりを思う存分爆発させてほしいし、その爆発を愛でたい。殺風景なチェーン店で味気ないコーヒーを飲むより、**マスターのパラレルワールド**へいざなわれたい。心はいつだってそんなホットな喫茶店を求めています。

富山駅から市内電車に乗り、安野屋駅で降りて南へ歩くと、ありました、こだわり爆発系喫茶、その名も**「珈琲駅ブルートレイン」**！　もう、そのまんまですね。マスターの鉄道愛が漏れ出ちゃってるし、実際に鉄道の模型が外に出ちゃってます。

店内にあふれんばかりの鉄道野郎たちが蠢いていたらどうしよう、と一瞬入るのをためらいましたが、店外に漏れ出てくるこの喫茶店の魅力に抗えず、**「こだわりの強い喫茶店を愛する会」初代会長**として、**勇気を出して一服**することにしました。

珈琲駅 ブルートレイン

住所　：富山県富山市鹿島町1丁目9−8
Tel　：076-423-3566
営業時間：10:00～19:00
定休日　：火曜
交通　：富山市電安野屋電停から徒歩5分

コーヒーは旅の味
―珈琲駅ブルートレイン―
珈琲駅
ブルー★トレイン
模型列車運転中
おいしいコーヒー☆楽しい模型
BLUE TRAIN
旅を夢みて コーヒーを楽しみましょう
ブルー☆トレイン

日本海
ブルートレイン、その名の通り
店内はまるで、客車そのもの。
おお～

ディテールにもぬかりがない
8号車
急行
指定席
福井↔富山
FUKUI TOYAMA
金沢↔米原
KANAZAWA MAIBARA
階段
北陸新幹線のレール
窓辺のオブジェ
あずさ
メニュー表紙
メニューの背景はもちろん時刻表
オレンジジュース 500
リンゴジュース 500
バナナジュース 500
ミックスジュース 500
レモンスカッシュ 600
アイスクリーム 500
コーヒー(ブルートレイン) 450
アイスコーヒー 500
アメリカンコーヒー 500
SLブレンド(炭焼コーヒー) 500
レモンアメリカン 600
SLブレンドくださーい
カウンターの中も鉄道ワールド!
日本
つるぎ
北陸
彗星
明星
あかつき
アルペン特急
立山
(寺田経由)
特急
LTD.EXP
しらさぎ
SHIRASAGI
名古屋
FOR NAGOYA
つるぎ
TSURUGI

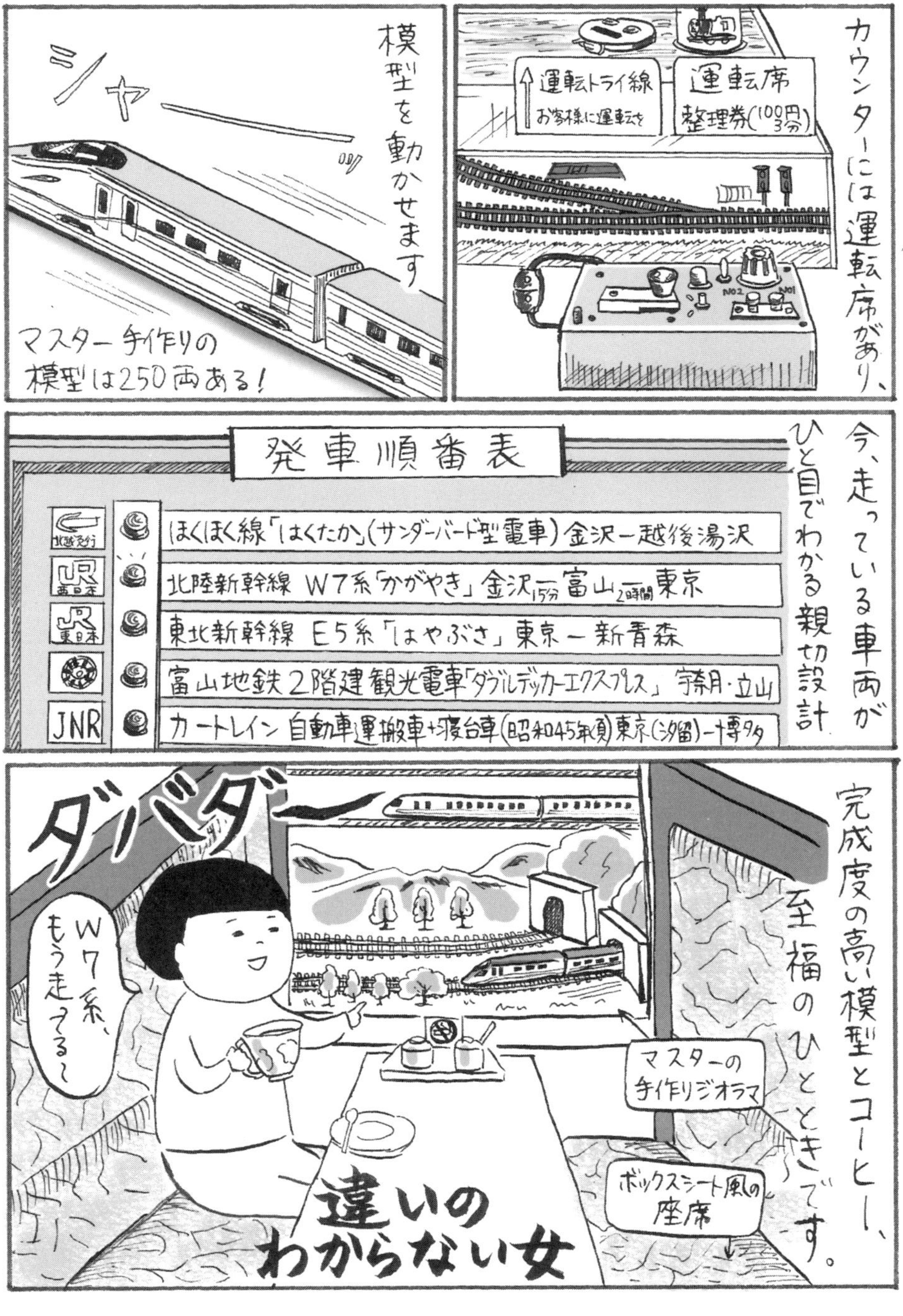
カウンターには運転席があり、
運転トライ線
お客様に運転を
運転席
整理券(100円3分)
模型を動かせます
シャーーー
マスター手作りの模型は250両ある!
今、走っている車両がひと目でわかる親切設計
発車順番表
北越急行
ほくほく線「はくたか」(サンダーバード型電車)金沢ー越後湯沢
JR西日本
北陸新幹線 W7系「かがやき」金沢15分富山2時間東京
JR東日本
東北新幹線 E5系「はやぶさ」東京ー新青森
富山地鉄2階建観光電車「ダブルデッカーエクスプレス」宇奈月・立山
JNR
カートレイン 自動車運搬車+寝台車(昭和45年頃)東京(汐留)ー博多
完成度の高い模型とコーヒー、至福のひとときです。
ダバダー
W7系、もう走ってる〜
マスターの手作りジオラマ
ボックスシート風の座席
違いのわからない女

マニアでなくても くつろげるし、
ペチャクチャ
ガーッ
なーん
そんながやぜ
まっでなん
富山弁まるだしの ご婦人方 （鉄道に興味ナシ）
肝心のコーヒーは、
ウォータードリップ式で これまたうまい！
いろんなお客さんに、旅行気分を楽しんでほしいですね。
珈琲駅 駅長 中村さん
鉄道愛があふれる、素敵な喫茶店でした。
富山③
秋田 60形
仙台 250形
函館
名古屋 1500形
金沢 2300形
大阪 3000形
京都 2000形
京都 800形
電車って 描くの 楽しいなー
デヘヘ
描き鉄のケがあった

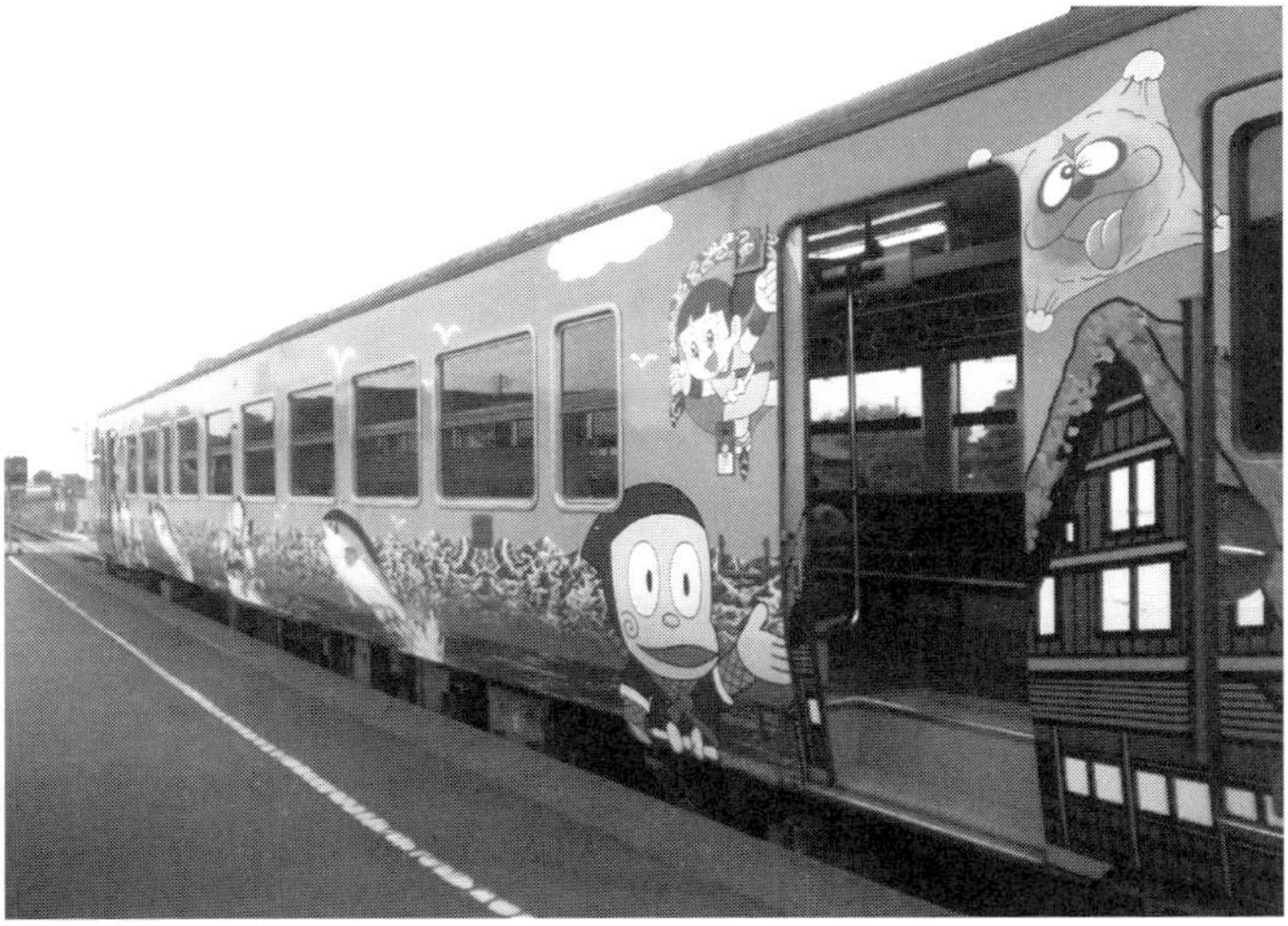

よくばり情報

富山県内にはさまざまな電車が走っています。JR城端線では忍者ハットリくんのラッピング電車が走ります。さすが、藤子不二雄先生のお膝元!

大人向けには、富山市内を「ビア電」（富山地方鉄道）とよばれる、生ビールが飲み放題の貸し切り市内電車が走り、高岡市の万葉線では、「新酒おでん電車」でおでんと日本酒が楽しめます。どんだけ電車内でお酒を飲みたい県民なのでしょうか。

声に出して
読みたい
富山弁②

「しょわしない」

意味：せわしない
落ち着きが無い

例：「か、なんちゅう
しょわしない子ながけ。
ちんとしとられま！」
（これは、なんというせわしない子だ。
きちんとしていなさい！）

しょわしない！
きゃー
わー
ドタバタ
ちなみに「正座」は
「おちんちんかく」。
いろいろ誤解が
生じそうな方言です。

金沢
かなざわ

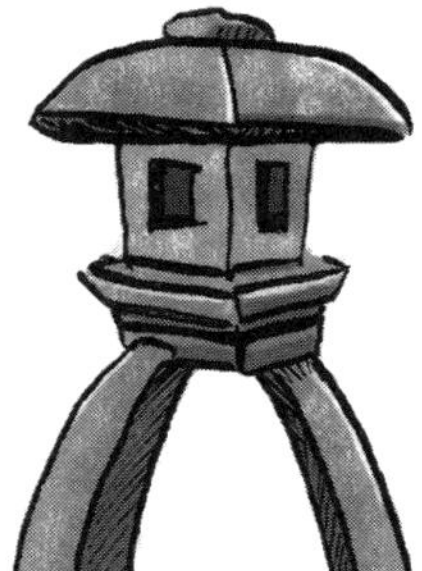

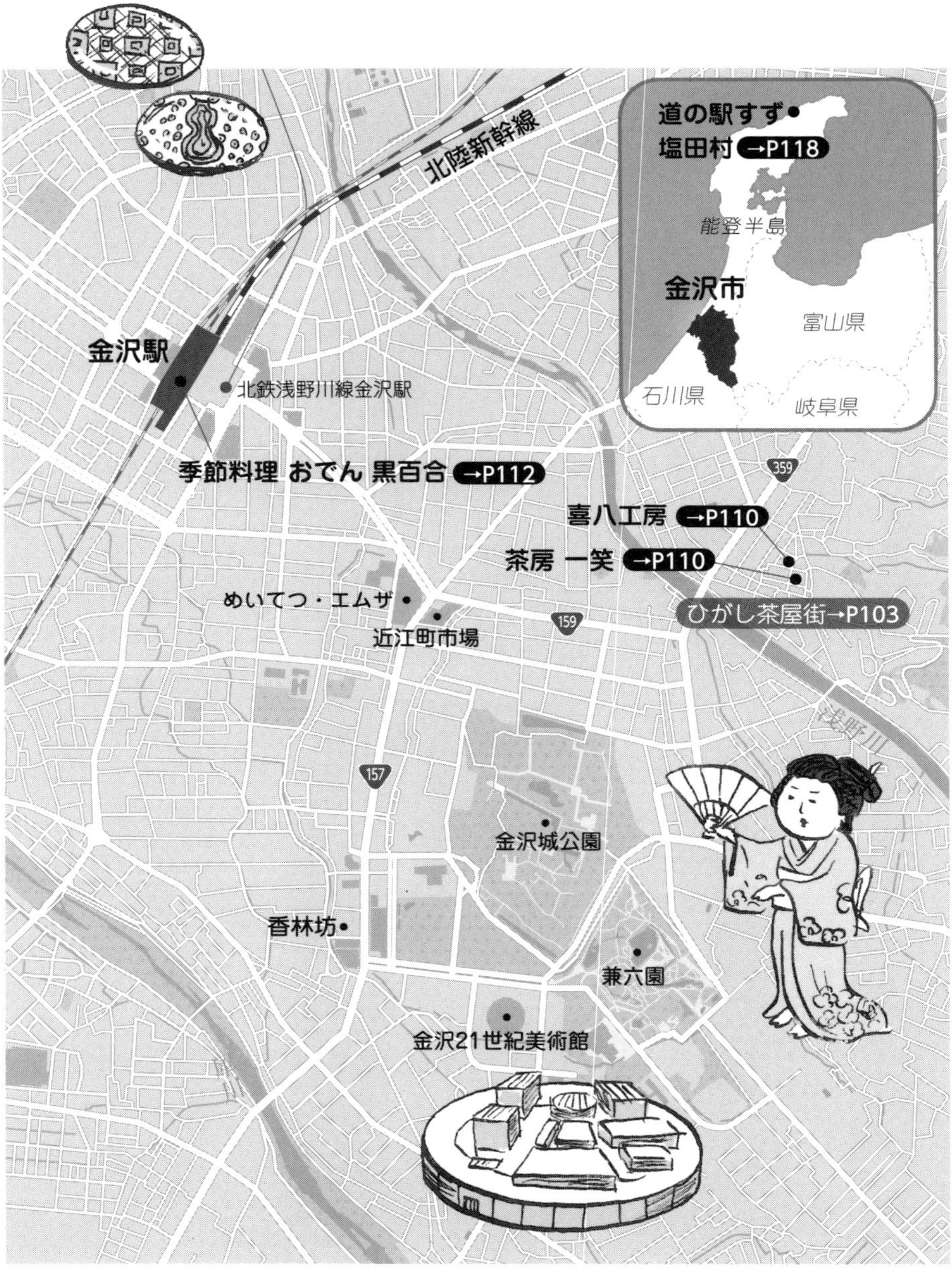
北陸新幹線
道の駅すず
塩田村 →P118
能登半島
金沢市
富山県
石川県
岐阜県
金沢駅
北鉄浅野川線金沢駅
季節料理 おでん 黒百合 →P112
359
喜八工房 →P110
茶房 一笑 →P110
めいてつ・エムザ
近江町市場
159
ひがし茶屋街→P103
浅野川
157
金沢城公園
香林坊
兼六園
金沢21世紀美術館

Vol.12

お茶屋街で棒茶あそび

—ひがし茶屋街—

富山駅から普通列車で1時間、特急で30分。新幹線で20分。新幹線開通にあわせ、すっかり**きれいになった金沢駅**。近くなりましたねぇ。

金沢駅からは普段使いのバスが出ているのはもちろん、周遊バスも出ていて、どこに何があるのか観光客にわかりやすいのは便利ですね。富山もこういった周遊バスが駅や空港から頻繁に出ることを今後期待します。

富山と金沢の文化度の違いについて以前書きましたが、金沢は富山に比べて、**もてなし上手**だなと思うことが多々あります。観光地へのいざない方や、伝統工芸の体験が気軽にできるといったパッケージ力が圧倒的に高い。見習うべきところがたくさんあります。

金沢には、ひがし茶屋街、主計町《かずえまち》茶屋街、にし茶屋街という**三大茶屋街**があり、お茶屋造りの建物が整然とならんでいます。キムスコ（木虫籠）と呼ばれる出格子が実に風情があります。今も芸妓さんの置屋や料亭があり、お茶屋遊びができるということです。

お茶屋遊びは、もうちょっと出世してからのお楽しみにとっておくとして、ふらふらとひがし茶屋街の美しい街並みを歩いていると、ふと目に飛び込んできたのが**「加賀棒茶」の暖簾**。茶の葉ではなく、茎をほうじたものを石川県では棒茶と呼びます。

恥ずかしながら茶道のたしなみがない不肖みやこ小路、うっかり抹茶など飲もうものなら、作法も知らない田舎者だということがばれて島流しにされてしまいます。棒茶ならイケる！　島流しにされずにすむ！

加賀棒茶でおなじみ、**丸八製茶場が営む日本茶専門店**だけあって、メニューは、「棒茶」「煎茶」「玉露」「抹茶」「生ジュース」のみ、という潔さ。喫茶店でわざわざ日本茶を頼むなんて、という貧相な概念が覆されることでしょう。

ひがし茶屋街

住所　：石川県金沢市東山
Tel　：076-232-5555（金沢市観光協会金沢百番街内）
交通　：JR金沢駅から城下まち金沢周遊バスで12分、バス停橋場町（交番前）下車、徒歩3分

※丸八製茶場、喜八工房の情報は→P110へ

お茶屋街で
棒茶あそび
—ひがし茶屋街—
茶房
一笑
ひがし茶屋を奥に進んでいくと、
丸八製茶場の営む「茶房 一笑」があります。
清々しい街並み

出格子から茶屋街の美しい街並みを眺められます。
水出し棒茶、うまし！
水代わり
カウンターでは、一杯を丁寧に淹れている様子が見られます。
上生菓子付きの棒茶を頼んでみました。

なんとまあ澄み切った味わい！
そして馥郁たる香り！
どこかしらへ召されそう
これまで飲んできたどのほうじ茶よりもうまい！
上生菓子は金沢の老舗高砂屋のもの
色とたたずまいが美しい〜
すべてわたし好み〜♡
ツバメの絵がso cute!
器は九谷焼の工房あめつち
この子が伝票代わり
『加賀八幡起上り』金沢で親まれてる縁起の良い郷土玩具

2階はギャラリーになっています。
お茶屋の客間は実に趣があります。
住みつきたい
ぽわ〜ん

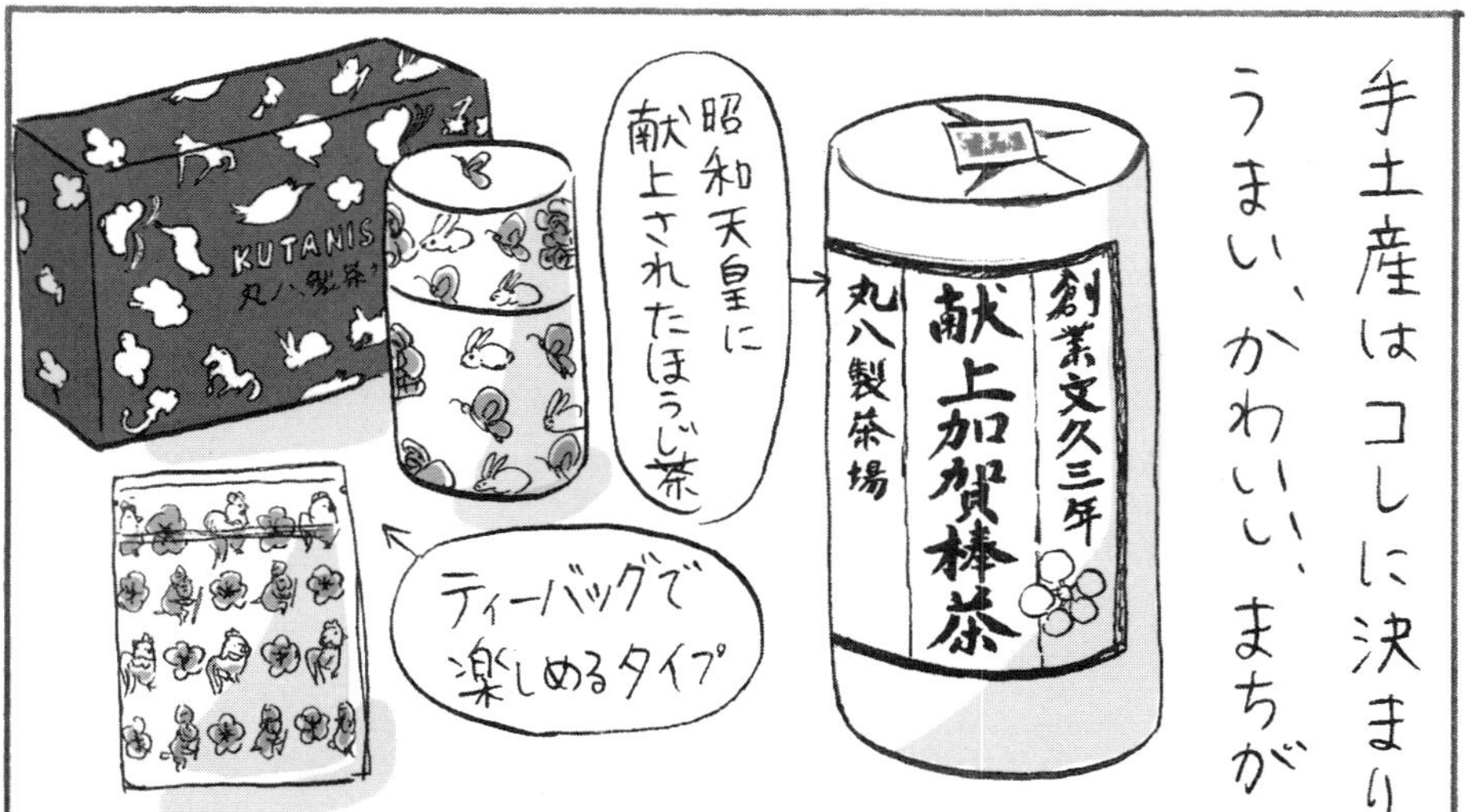
手土産はコレに決まり、
うまい、かわいい、まちがいない！
昭和天皇に献上されたほうじ茶
創業文久三年
献上加賀棒茶
丸八製茶場
KUTANIS
丸八製茶
ティーバッグで楽しめるタイプ
「加賀いろは テトラシリーズ」は
ジャケ買いしたくなるシャレオツさ。

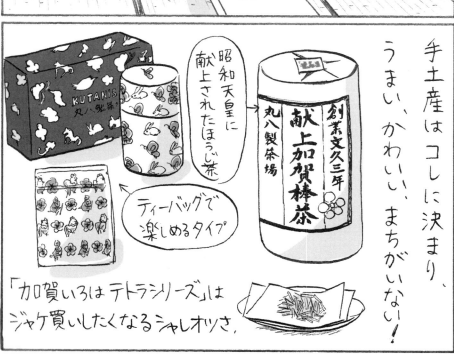

ひがし茶屋には料亭やお茶屋の他にも、良いお店があります。
金沢ひがし茶屋街漆器直売処
喜八工房
ピクン
お、漆器直売！
山中漆器の「喜八工房」。
製造元価格なら、私でも漆器が買えるっ
これは見逃せないわよ奥さん！
モダン＆シックですなあ〜〜
戦利品を自慢したところ、
この漆の器さー
超イイよねっ
娘6才
また無駄使いしたね
叱られました。
もうしません。

丸八製茶場「加賀いろはテトラシリーズ」

一杯の湯のみで簡単に本物のお茶のおいしさを味わえるティーバッグシリーズ。茶本来の渋味、旨味、芳香を楽しめる。

菫《すみれ》テトラ

献上加賀棒茶
2g×10ヶ入（缶）

梅テトラ

加賀ほうじ茶
2g×10ヶ入（缶）

茶房　一笑（いっしょう）

住所　　：石川県金沢市東山1-26-13
tel　　　：076-251-0108
営業時間：10:00～18:00
定休日　：月曜（祝日の場合は翌日）

金沢百番街店

住所　　：石川県金沢市木ノ新保町1-1
　　　　　「あんと」内
tel　　　：076-222-6950
営業時間：8:30～20:00
　　　　　（季節により異なる）
定休日　：無休

喜八工房　「樫椀」シリーズ

まるでオブジェのような樫の器。樫独特の美しい木目とフォルムが特徴。

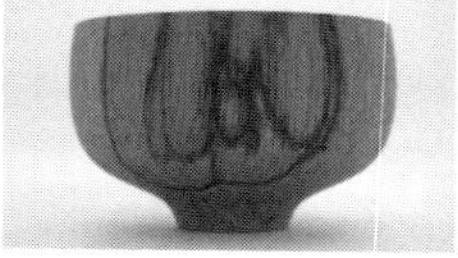

樫椀　G型

ナチュラル

樫椀　Y型

ナチュラル

喜八工房

住所　　：石川県金沢市東山1-26-7
tel　　　：076-251-1151
営業時間：10:00～18:00
　　　　　（季節により異なる）
定休日　：無休（不定休あり）

金沢の和菓子は貴公子!?

同じ北陸でありながら金沢にあって富山にないもの、それは、見目麗しい和菓子です。ありますよそりゃあ、富山にも和菓子は。でもなんというかこう、朴訥ゆえに中身で勝負、みたいなところが多々あり、「いいひとなんだけどねー、結婚するならこういうタイプでもいいのかなー」で終わってしまうタイプ。

一方、金沢の和菓子は、ロマンチックに私をエスコートしてくれる、髪型にもファッションにも気を使っている貴公子。女の子にひっぱりだこな彼、ちょっと心配！　のような違いがあります。胃に入れば一緒っちゃあ一緒なんですが、やっぱり味はもちろん、見た目でも楽しみたい。

「今日のおやつ、アレがあるんだわ、仕事もうひとがんばりしちゃお！うふふ☆」といった具合にモチベーションを上げてくれる、ビジュアル系和菓子が金沢にはあります。金沢の友人に諸江屋の落雁をもらったとき、あまりのかわいさにもったいなくて食べられなかったものです。（翌日には完食しました。）

Vol.13

おでん放浪記

―季節料理　おでん　黒百合―

お酒を愛する人々に絶大な人気を誇る**TV番組**『**酒場放浪記**』。酒場詩人の吉田類さんが、ただ飲んだり食べたり酔っぱらったりしてるだけ、という前衛的な番組をご存じでしょうか。これを見ながら晩酌すると、一緒に飲んでるような、幸せな錯覚に陥ることができます。

吉田類さんのように、酒場という聖地へ酒と肴を求めて金沢をさまよっていると、なんと駅構内にあるじゃないですか、**おでんの聖地**が！

金沢は、おでん屋が多い。普通の居酒屋にも、メニューにおでんが当たり前にあるし、季節問わず、冬でも夏でも食べられる。しかも、観光で来た人が必ず利用する金沢駅、そこにおでん屋があるなんて、**砂漠を彷徨う旅人にとってのオアシス**みたいなもんですよ。

帰りの新幹線までちょっと時間があるけど、もう街中に行くほどは余裕がない、とか、ちょっと一杯飲んで時間をつぶしたい、という人にうってつけの、抜群の立地にあります。

季節料理　おでんの「黒百合」は、開業した**昭和28年から金沢駅にあり**、おでんの命ともいうべき出汁を**創業当時のものからつぎ足し**て受け継がれ、今では三代目がしっかりとその味を守っています。

お店は朝10時から夜10時まで。軽くカウンターで一杯飲むもよし、おでん定食でランチをサクッとすませるもよし、夜がふけるまでガッツリ北陸の味を堪能するもよし、まさにオールラウンドプレイヤーなお店です。

おでんはおいしいうえに、季節料理や地物の食材を使ったこだわりのオリジナルメニューの数々も。地酒の種類の豊富さも頼もしい限りです。時間がなくても**石川の旬の味**を楽しめる手軽さが魅力です。

季節料理　おでん　黒百合

住所　：石川県金沢市木ノ新保町1−1　金沢百番街内あんと
Tel　：076-260-3722
営業時間：10:00〜22:00（オーダーストップ21:30）
定休日　：無休
交通　：JR金沢駅内
http://www.oden-kuroyuri.com/

おでん放浪記～季節料理 おでん
黒百合～
今日はですね、金沢駅に来てます
吉田類さん、リスペクトっす
酒飲みの心をくすぐる店が、駅構内にありましてね。
黒百合
季節料理
おでん
黒百合

ビールを飲みながら
おでんを目の前で
選ぶのが楽しい。
ほほー
まず最初の具は、大根、卵に焼き豆腐
金沢おでんに
車麩は
デフォルト！
そして
イチオシはやっぱり
車麩《くるまふ》!!

車麩はダシがしみっしみのトロットロ！
富山のおでんに車麩はないのだ
しやわせ〜
お次の具は赤巻、
練り物ラブ♡
北陸のカマボコは板付きではなく、巻いてある！
隣のおじさんが食べてるおでんの具が気になる
ふいーーっ
それ何ですか？
おでんにシューマイ!!
シューマイだよ

食う？
ほれ
常連さんとカンパーイ！
ハハハ
シューマイ、うまいす
おでん以外にも地物の料理が満載
白山固どうふ
イカの黒作り
へしこ
お刺身に
どて焼に
束の間の心潤すもらいシューマイ（字余り）
もう一軒、行ってきます

Vol.14

塩が作れる能登の浜

—道の駅すず塩田村—

ひと足のばして
能登半島へ！

子どもを産んでからというもの、普段の食事に気をつけるようになりました。学生時代なんて、**主食がスイカバー**なんて時もあった人間が、変わるものですね。マクロビオティックやローフード、果てはヴィーガンや断食にまで片足を突っ込んだこともありますが、いろいろな食事法を試した結果、

「よく噛んで、腹八分目」

というスタンスに落ち着きました。

過ぎたるはなお及ばざるがごとしとはよく言ったもので、なんでもほどほどに、力を抜いて楽しむのがいいですね。ご飯はやっぱり、楽しくおいしいのが一番です。

そんな毎日の食事に欠かせないのが塩。減塩だなんだと騒がれていますが、精製された塩ではなく、海のミネラルがそのまま含まれている**自然塩**はそこまで気にせず摂取して良いのだそうです。人間の体液の構造は、海水のそれと似ているといいますしね。

日本で使われる塩は輸入されている工業用のものが多いようですが、石川県珠洲市には塩田があり、**江戸時代から「揚げ浜式」**といわれる製法で塩を作っています。浜士とよばれる塩作りのエキスパートによって行われる塩作りは**「潮汲み3年、塩撒き10年」**という非常に厳しい職人の世界です。

塩作りが行われるのは日照時間の長い5月から9月のみ。その間も天候が悪ければ作れません。それ以外は「ブリ起し」と言われるような強い季節風が吹いたり、「波の花」が見られるような大変寒く雨量が多い地域です。**塩はまさに自然の恵み**なのです。

みんな！オラに元気をわけてくれ！元気玉、じゃなくて塩作ってくっから！

というわけで、揚げ浜式製塩法で今も塩作りをしている道の駅すず塩田村にて、塩作り体験をしてきました。

道の駅すず塩田村（奥能登塩田村）

住所　：石川県珠洲市清水町1-58-1
Tel　：0768-87-2040
営業時間：8:30〜17:30
（11〜2月は9:00〜16:00）
定休日　：無休
交通　：金沢市街から車で、のと里山海道〜珠洲道路を利用、輪島経由で約2時間30分
http://enden.jp

塩が作れる 能登の浜
―道の駅すず塩田村―

美しい日本海と里山が広がる石川県珠洲市では、
400年前から揚げ浜式製塩法が行われています。
どんなふうに塩が作られているのでしょうか

①海水をくみあげ
②塩田にまいて乾かし、
③塩のついた砂をろ過し、
④煮つめて塩ができる
ざっくり言うと
揚げ浜式製塩法はこんな感じですが…
海水をくみあげるのに一苦労
ツガー
60kg
生まれたての小鹿のような足どりで運ぶ
ガクガク
なんの罰ゲーム？
運んできた海水を引桶《ひっこけ》に入れるのもやっと。
肩が崩壊寸前
ヒイイ～
バッシャーン
まずはこれを10往復。地獄！

次にこの「おちょけ」で海水をまく。
打桶《おちょけ》
ど素人がまくと、
音もきたない
べしゃ
まんべんなくまけない
ギャラリーに失笑される。
くすくす
ヘタねー
なに今の
ムズカシイんだってば
塩作り職人、
浜士《はまじ》がまくと、
奥能登
奥能登
この道20年、登谷《とや》さん
それはそれは美しい水しぶきが空中に舞うのです。
サーーッ
出たーっ
浜士の虹!!

砂に筋目を入れて乾燥
サッ
サッ
8時間後ーー
乾いた砂を集めます
持ち方にコツあり
こう持つと腰痛に
腰を曲げない!
こう持つとラクチン
サクサク
ヨロヨロ
あわわ
ここにかん水がたまる
体力の限界! by 千代の富士
あ゛ー
塩ラムネ休憩

6時間の荒焚き、ろ過して
さらに16時間の本焚き。
釜焚きが始まると
親の死に目にも
会えない厳しい世界！
火加減で味が違う！
釜は高岡銅器
わなわな
苦労の末できあがったこの塩、
甘みと旨味がギッシリ
奉納しますッ
地の塩、世の光
ジーン
次からの原稿料、
塩で下さい！
サラリーおくれ
…と思ったけど、
天ぷらで塩つかっちゃったの
あーん
やっぱり塩を買うお金下さい

よくばり
情報

塩づくり体験できます。

道の駅すず塩田村では、昔ながらの揚げ浜式の塩づくり体験ができます。
オリジナルの塩づくりを楽しんでみませんか。
コースは下記の3種類です。

ミニ体験コース　所要約30分
浜士体験コース　所要2時間
浜士体験2日間コース　2日間
いずれも晴れた日の午後に行われる。有料、要予約。

問合せ・予約申込みは、道の駅すず塩田村へ(→P119)

塩の資料館あります。

道の駅すず塩田村には、塩の総合資料館「揚浜館」や物販コーナーがあります。

人気の
塩ラムネ

奥能登
揚げ浜塩

おわりに

２０１５年元旦。
ラジオで「おぎやはぎのメガネびいき」を聞きながら富山にまつわる原稿を書いていたところ、北陸新幹線の話題が出ました。私は色めき立ちました。

「小木が一番待ち遠しいのは、北陸新幹線開通だね」
「東京～富山が２時間で行けるようになるんだよ」
「ここに行くの、車も電車も大変だったよね」
「金沢すごい観光客増えるよ」
「２時間で行けるなら、金沢行きたいよね」
「行きたいよー」

以上。

案の定、富山県は完全に素通り！

首都圏にお住まいの方の、北陸新幹線開通における心構えがどんなものか、まざまざと見せつけられた瞬間でした。

そんな人たちに富山の魅力を少しでもアピールできるような本を作りたい、その一心でリサーチし、独断と偏見で構成した本書となりましたが、いかがでしたでしょうか。

取材をしていくなかで、富山のいぶし銀のような輝きを、私自身が再発見するまたとない機会となりました。調べてみると、地元だからいつでも行ける、と思ってまったく行ったことのなかった場所や、知らなかった産業、お店が続々とあふれ出て、一体自分は今まで、富山および北陸の何を知っていたつもりだったのか、と呆れました。

豊かな自然の恵みをふんだんに享受していること、当たり前に広がっている景色が当たり前ではないこと、連綿と続く伝統工芸の影で、革新的な意志が強く働いていること。無彩色だと思っていた故郷に光をあててみたら、思いがけない色がどんどん浮かび上がってきました。

取材にあたりご協力いただいたみなさん、情報提供してくれた友人たち、富山というマイナーな題材を漫画にしたいという私の無茶な申し出を、書籍化してくださった勇気ある虹有社さん、本当にありがとうございました。この場をかりてお礼申し上げます。そして、「金沢に行く前に、ちょっと富山も寄ろうかな」と思ったアンテナ高めの聡明な読者のみなさんに、本書を捧げます。読み倒して、旅のお供にしてくだされればこんなにうれしいことはありません。

またお会いしましょう！

２０１５年３月吉日　みやこ小路

やわやわ 富山・金沢の旅

2015年3月2日　第1刷発行

著者　みやこ小路

装丁・デザイン　菅家 恵美
地図・図版制作　小林 哲也
（P2、P10-11、P20、P69、P102）

発行者　中島 伸
発行所　株式会社 虹有社《こうゆうしゃ》
〒112-0011 東京都文京区千石4-24-2-603
電話 03-3944-0230
FAX. 03-3944-0231
info@kohyusha.co.jp
http://www.kohyusha.co.jp/

印刷・製本　モリモト印刷株式会社

ISBN978-4-7709-0068-5